JN440694

가끔은 하늘이 맑다

가끔은 하늘이 맑다

초판 1쇄 발행 2022년 11월 11일

지은이 장태삼

펴낸이 임병천
펴낸곳 책나무출판사
출판신고 2004년 4월 22일 (제318-00034)

주소 서울시 영등포구 신길3동 325-70 3F
전화 02-338-1228 **팩스** 0505-866-8254
홈페이지 www.booktree.info

ISBN 978-89-6339-690-3 03810

가끔은 하늘이 맑다

두 번의 겨우 인간에 이은
장태삼 세 번째 시집

책나무출판사

| 목차 |

1부

●

2부

●

3부

●

4부

●

부록 (손바닥소설)

●

1부

●

언제부터 있었을까
내가 올려다보지 않아서
나를 내려다보지 않았던 하늘은

애월에 가면

애월*에 가면
바다보다 높지만 산책로보다 낮은 곳에
비스듬히 붙어 있는
기둥 없는 카페 하나와
지붕 없는 카페 하나가 있다

갈매기 들지 않는 카페에 번갈아 앉아서
한 사람을 기다리는 한 사람도 있었다

까망 돌담 위에 얹혀진 붉은 기와지붕은
뭉친 페인트가 굳어서 울퉁불퉁 알록달록하다
일하기 싫은 주인이 한꺼번에
색색의 페인트 서너 통 섞어서 엎어버린 듯
사람들의 마음을 헝클어뜨린다

여덟 개의 기둥은 옆 카페 지붕보다 높고
여덟 개의 기둥은 돌담보다 낮았다
별이 숭숭 빠지는 엉성한 그물 아래
열여섯 기둥마다 조명이 반짝이면

술잔을 기울여 수평선을 당겨 본다

두 카페의 남자 주인과 여자 주인은
바람과 구름만큼 각별한 사이라서
비가 오면 기둥 없는 곳에서 손잡고 놀고
맑은 날엔 지붕 없는 곳에서 눈웃음 정답다

한 사람 오지 않을 줄 아는 한 사람
애월의 파도 되어 철썩이고 있었다

그리운 것들은 언제나 수평선을 넘어오는지
너나없이 몸을 돌려 바다를 보고 있다

*산책로가 멋진, 제주도 소재 관광지.

화해 2

가슴이 터질 듯한 슬픔의 밤도
아침이면
꽃으로 핍니다

새벽 네 시면 잠을 자야 한다는 법을
누가 정해놓은 것은 아니어서
가는 것이 좋은지 오는 것이 좋은지
알 수 없는 골목길
두세 번을 가고 옵니다

길고양이 변함없이
길 아닌 길로 비킵니다
오라는 손짓도
가라는 발길질도 않고
이제는 내버려 두기로 합니다

고양이가 아니어서
길 위를 걷습니다
슬픔의 손을 놓고

휘청휘청, 나를 지나칩니다
그러다가 울음소리 들려 뒤돌아보면

저만큼 골목 끝에서
눈물을 닦으며 내가 옵니다
부둥켜안고
어깨를 토닥이자
꽃내음이 납니다

아침입니다

경포대 엘레지

파도가 무음으로 철썩이고

당신의
웃음소리 있었다오

모래 위에 나란히

나의 발자국도 있었지요

미안하고 미안해서

사랑이 홀쭉한 세상이었어
최면이라도 걸어
사랑한다는 말 자주 하여 채워주고 싶었는데
부끄럽고 어색했어
최면이 최면이란 걸 둘은 알고 말았지
날마다 가난하고 날마다 초라했어
다음에, 지금 하지 못한 말까지 열 배 백 배
보태서 하려고 했지만
다음다음을 수없이 흘려보내고도
그 말을 하지 못했어
고독한 밤보다 깊어가는 당신의 주름살,
사랑한다는 한국말로는 부족할 것 같아
이제 와 사랑이라는 말 너무 낯설어
당신의 지친 모습 바라보며 어떻게
그 말을 해!
사랑해 사랑해
당신의 등 뒤에서 천 번을 말해 봐도
당신의 눈앞에 서면 미안하고 미안해서
사랑한다는 말 아직 하지 못했어
사랑한다는 말도 못해서 정말 미안 해

가슴에, 그믐달 꼬리를 심다

당신이 미워하고
당신이 미워지는 건
그믐달 꼬리만큼의 사랑이 남아서죠

몸 떠나면 마음 떠나고
마음 떠나면 몸도 멀어져
소홀히 쌓은 돌탑처럼 무너지고 마는가요

당신이 싫어하고 당신이 싫어져서
아, 마침내 우리가 돌아갈 곳 잃는다면
어느 언덕에 기대어 속울음 삼킬까요

무관심의 바다가 된 우리의 어항에
뒤뚱뒤뚱 허우적거리는 고래 한 마리
누구의 기도가 있어 헤엄칠 수 있을까요

이별은 궁핍한 사랑보다 초라한 것,
위로받을 자격은 누구에게도 없겠지요

이러다가 싫어지기 전에
영영 무관심해지기 전에
당신을 조금만 더 미워하다 말 테요

해로(偕老)

그 남자를 만나고부터
그 여자는
늙어가기 시작했다

그 여자를 만나고부터
그 남자는
죽어가기 시작했다

여자의 눈길은 꽃에 멎어 있었고
남자의 가슴엔 별이 담겨 있었다

그 남자 그 여자 때문이라는
하루치의 변명이 있어
일 년 또 일 년의 아침이 이어지고

잘 살고 못 살았다, 그러다가
언덕배기가 나타날 때면
서로가 서로의 갈비뼈가 되곤 했다

노을이 고왔다
다 늙지는 않아서 아직은 죽지 않아서

그 남자 그 여자가
손을 잡고 나란히
노을 속으로 걸어갔다

식탁 위의 봄

설익은 밥알을 씹으며
괜찮다고 말했는데

꼭, 모래알 같지?
밥, 다시 할까?

내 얼굴 들여다보며
봄을 기다리는 사람

물 좀 먹고서
몇 바퀴 구르지 뭐
왼쪽으로 구를까?

오른쪽도 괜찮아
나는 다 좋아
어멋!

하하하
호호호

계곡에서 불어오는
덜 여문 완두콩 내음

잘 익은 봄이
식탁 위에 가득이다

♤
가득이다 가득했다 가득했었다
누가 훔쳐갔을까 식탁 위의 봄

눈물에 젖어 이파리 붉은
가을이다 빈 식탁
이다

붕어알

1

붕어알을 큰소리로 열 번만 말해 봐
붕어알 붕어알 붕어알…
그렇게 천천히 함 어떡해 빠르게 말해야지
붕어알 붕어알 붕어알… 다 했어
가운데 자를 그리 높여 말하는 게 어딨어?
기집애, 다신 너와 안 놀아!
나도 붕알이라는 거 다 안다 뭐!

2

세상이라는 교실에서 붕어알이 실종되자
달에 살던 옥토끼가 세레나데 둘러메고
안드로메다 너머로 사라졌다
추억은
혼탁해진 다음에야 웅덩이에 고이고,
붕어알 없는 세월 흘러 흘러
우리들의 웃음꽃은 천연기념물이 되었다

꽃집 앞에서

꽃집 앞에서
한참을 망설였어
장미가 좋을까 백합이 좋을까
한 송이면 어떨까 백 송이면 어떨까
점점 내가 나를 신뢰할 수 없는 사이
장미가 시들고 백합이 죽었어
분별없는 다정이 그들을 죽였지
아니야, 잘못한 것은 당신이 아니었어
사랑의 심장을 둘로 가르려고
날이면 날마다 바람으로 혹은 햇볕으로
악마는 쉬지 않고 다정을 속삭였지
두근거렸던 소년은, 우아했던 소녀는
외로웠던 나는 쓸쓸했던 당신은
웬만해선 악마의 속삭임 뿌리칠 수 없었어
돌아보면 들국화고 돌아보면 목련인데,
꽃집 앞에서
한참을 망설였어
흐릿해진 눈으로 지팡이를 찾았지

저만큼에서 당신이 지나가고 있었어

웃다

예의를 지키느라
그대 창을 두드리지 못했네

서로의 고독은
서로 곁에 도착하지 못하고

가끔 꿈속에서 함께
달을 본다네
깨어나면 혼자서 꽃도 별도 본다네

손수건 한 장 위에서도 사랑은 충분했지 우리는 비좁지 않았네 한 사람은 출장 중 한 사람은 테라스에서, 믿음 한 스푼 신뢰 한 스푼 칵테일을 마셨네 서울 부산 거리 잊고 건배도 했었지 협주곡 D 장조가 흐르던 벌써 오래전 이야기, 브람스가 웃을 때였네

예의 없이
어느 날 서로의 창이 벌컥 열렸지
백 장의 손수건이 펼쳐져 있었지만
진실과 오해의 이마는 사랑보다 차가웠네

말라버린 눈물은 지금쯤
누구의 다정에 고이고 있을까

술잔에 찰랑거리는 서러움과 분노가
그리움으로 숙성되는 사이,

웃네
멈춰버린 시간들이 너무 아파서
달마저 붉게 시드는 어스름 새벽에

F의 거실

파스를 붙이고
진통제를 먹으면서
신음 소리 내지 않았네
아무도 없어서 아니
누군가 들을까 봐

소주색 투명한 심장을 꺼내
꽃병에 심었다지
철없이 기웃대다 취해버린
나비 한 마리
아침 창이 잠기는 악몽에 헤매고

빈 가슴, 통증은 그대론데
세상을 앓다가 세상에 버림받은
F는
심장이 없어서 아주 영영
신음 소리 내지 않았다네

이삿짐센터 사내들의

뿌연 운동화가 지나가고

꽃병이

나비가

봉지에 담겨 떠나갔네

소리, 서쪽으로 가는 엘리베이터

2층 학원에서 종일 들려오는 초보자들의 트럼펫 부는 소리 좋았어라 과일 장수 생선 장수 아저씨들의 비명처럼 내지르는 확성기 소리 무슨 무슨 공사로 허구한 날 아스팔트 절개하는 중장비들의 기계음 소리 헌 집 허무는 옆집의 망치 소리 갓난아기의 울음소리 누군가 나를 부르는 소리 좋았어라 이 사람 저 사람 직박구리처럼 시시콜콜 찍찍대며 주장하는 소리 주정뱅이가 웩웩 토하며 새벽을 깨우는 소리 좋았어라 옆지기의 잔소리 코 고는 소리 사흘 내내 들리는 장맛비 소리 TV 리모컨 보이지 않아 끝없이 이어지는 광고 소리 좋았어라 잔잔한 오후의 햇살에 강아지풀 꽃대궁 올라오는 소리 밤송이 벌어지는 소리 다람쥐 꼬리 흔드는 소리 사방팔방 저 가고 싶은 곳으로 가는 달팽이의 헉헉거리는 소리 정말 좋았어라

불필요한 것들이 왜 그리도 많이 필요했을까 말벌에 쏘이고도 웃어넘길 것 같은 마음 따위 이제 소용없다는 걸 알지만

꽃잎 지는 소리 기러기 울음 강물에 떠내려가는 소리 싫어라 새집 짓는 옆집의 망치 소리 사부작사부작 시간이 삭제되는 소리 별이 깜박대는 소리 싫어라 뻔한 농담 뻔한 위로 과장된 웃음소리 누군가 나를 부르지 않고 떠나가는 소리 호스피스 병동은 서쪽 끝에

있다고 친절을 베푸는 소리 싫어라 죽음을 싣고 갈 리무진 임대비 절충하는 통화 소리 볼펜심 굴러가는 소리 싫어라 입원은 치료를 목적으로 할 때 필요한 줄로만 알다가 죽으러 갈 때도 필요하다는 사실을 새롭게 경험하는 나의 작은 숨소리 휠체어 미는 너의 스타카토 한숨 소리 싫어라 한 번 들어가면 살아나올 수 없다는 걸 모르는 바 아니지만 오직 한 방향 서쪽으로 갈 때 들리는 이런저런 소리 정말 싫어라

보이지 않는 내 눈물 복도에 떨어져 깨지는 소리 서쪽으로 가는 엘리베이터까지 따라온다 갇힌 네모의 천정에서 최루탄 한 바가지가 터진대도 도망갈 수 없다는 걸 잘 알지만

숲으로 가는 길

기름진 황소배미 흰죽배미 값으로 넘기고
강의 북쪽 비탈에 주저앉은 아버지,
꽁꽁 묶인 새벽은 시렁 위에 있었다
주린 밤을 가로지르기 위해
수탉의 모가지부터 비틀었던 세월

시간이 지나면 꽃이 필 거라는 걸 알면서
피지 않아도 된다는 걸 더 잘 알아서
꽃나무의 줄기를 자르고 뿌리를 캐내고
콩과 보리를 심었다, 아버지처럼
배반과 슬픔의 언덕을 꾸역꾸역 넘었다

축복 없는 새벽은 와도 그만 가도 그만,
삶은 그저 반나절의 뻐꾸기 울음 같은 것
소리 내어 울지 못한 아버지의 기침이었다
거룩한 도끼질과 숭고한 바느질은 없었다
시린 인연 뿌리치지 못해 끝이 없던 어두움

기억의 단추를 잠그며 숲으로 가고 있다

안아 주고 싶은, 빨간 신호등이 켜진다
강물이 잠시 멈춰 숨을 고르자
귓가를 맴돌던 아버지의 기침이 멎는다
구름의 어깨에 기대어 새벽이 도착하고

좋아했던 국화 향이 발가락을 간질인다
검정 리무진에 올려져서 강을 건넌다
숲을 흔드는 바람 소리, 들린다
나도 바람 되어 아버지의 향기로 날리겠지

내일을 부르면서 오늘의 목을 비튼
하루는 언제나 강물보다 깊었다
게으른 새벽이 나의 품에 안긴다

수목장(樹木葬)

별도 바람도 들지 않는
다섯 번째 침대에서

돌아눕지도 못하고
얼마나 힘드셨나요

여긴 사방이 탁 트여
너무너무 좋습니다

아, 땅 위는 여기인데
땅 밑은 거기네요!

거기가 여기 되고
여기가 거기 될 날
내게 올 날 있겠지요

기쁜 일
슬픈 일
가슴에 안고

흐린
낮달 하나
두고 갑니다

거기선

울지 마세요

탱자 자라다

한 달 가고 남는 땅은
배롱나무의 텃밭이다
한 해 가고 남는 땅은
그리움의 그림자다
달 뜰 때 보이는 땅은
쉬리의 정원이다
해 뜰 때 보이는 땅은
한 보따리 들꽃이다
재가 되어 날리다가 남는 땅에 누웠다
누웠다가
쉬리가 되고 배롱나무가 되고,
얼마간의 그리움이었다가
한 송이 들꽃으로 보태진다
그러고도 남는 땅을 기웃대다가
살며시 움직여
탱자나무 열매 속으로 옮겨 앉기도 한다
울면서 부르는 이름 하나 있다, 사랑아
사랑아!
너무 시어서

없는 눈 질끈 감고 진저리를 친다

*散粉葬(산분장)을 참고하다.

나 아직 살아있는 까닭으로

봄이 간 후
단 한 번도 나를
사랑하지 않은 이여
어찌 내 가슴에서
떠나지는 않는 것이오
까르륵까르륵 별들과
윤슬 아래 조약돌이 웃어대도
그대 있어 어디서도
함께 웃지 못한다오
나 아직 살아있는 까닭으로
두 번 다시 그대를
사랑할 수 없는 몸,
가슴을 훑고 지나가는
기러기 울음이 홀쭉하오

겨울이 온 후
단 한 번도 나를
사랑하지 않은 이여
어찌 예서 제서

손 흔들고 있는 것이오
나 아직 살아있는 까닭으로
두 번 다시 그대 손
잡을 수가 없는 몸,
당신이 원하는 사랑
내가 주고픈
사랑이 많고 많아
눈을 베고 지나가는
바람의 옆구리가 볼록하오

빈집 풍경(風景)

나 없는 사이

난(蘭)이 피었다

소복(素服)의 나비 한 마리

창

밖에

머물며, 머물다가 간다

거실(居室)에 달빛이 내리고

난(蘭) 홀로

흐느끼는 소리

털썩, 몸을 실어 앉아 보지만

나 없이 댕그라니

비어있는

의자

가을은 당신처럼

도착하던 날부터
서성서성, 떠날 날을 헤아리며
고깔모자 빼꼼히 들어 올렸던 가을

야윈 그림자 남기고
동구 밖 신작로 걸어가며 끝내
꽃씨의 꿈을 덜어 살찌우지 않았다

구멍 난 가슴 껴안고
읍내 정거장 떠나가며 끝끝내
나비의 잠을 깨워 앞세우지 않았다

신작로에 봄 겹겹
정거장에 여름 겹겹, 숨겨 놓고
동토의 땅으로 먼저 간 당신처럼

새벽달

누가 저 달 좀 치워 줘
창문 열고 들어온 달 때문에
꿈꿀 수가 없어

뻔뻔한 삶
아름 아름 안고 와서
저 달이 날 묶었어

웃는 것도 우는 것도
저 달이 먼저였지

쿵쿵 가슴을 때려 봐도
잠들 수가 없어

이지러진 얼굴
창가에서 찰랑이다
눈물처럼 희미해지는

누가 저 사랑 좀 치워 줘

그리고 그 후에

이곳은 동쪽이 너무 깊어
아직은 어두운 곳

기러기 깃에 꽃을 실어
당신에게 보냈지만

그곳은 서쪽이 너무 깊어
꽃마다 시드는 곳

내 울음 당신 곁에
닿을 수는 없을까

서쪽의 앞산은 동쪽이고
동쪽의 뒷산은 서쪽이려니

당신, 바람에 실려 두둥실
그 산 한번만 넘어와 주오

나는 동트는 새벽 눈 감고
꿈을 꾸도록 할 터이니

내가 먼저 떠날 테니

가장 천천히 걸어도
가장 먼저 도착토록 하겠어요
애써 꽃이 되려지 마세요
당신의 봄 당신의 산과 바다 당신의 향기에
나는 늘 취해 있겠어요
가만히 있어도 향이 나는 당신
가장 늦게 우산을 펼쳐도
가장 비를 덜 맞도록 하겠어요
그런데도 만약에
힘이 들면 말해요 싫어지면 말해요
그때는 울지 않고, 당신의 향기 안고서
유성의 꼬리처럼 내가 먼저 떠날 테니

아아, 내가 먼저 떠날 테니 한 번만
일어나서 웃어요

하늘을 보고 싶어

언제부터 있었을까
내가 올려다보지 않아서
나를 내려다보지 않았던 하늘은

몇 번이나 하늘과 눈 맞추며 살았을까

죽은 것은 아니고 그냥 죽은 척 누워서
바람이 다 지날 때까지
하늘을 보고 싶어

아이는, 달팽이가 무서워서 비명을 질렀지
브람스를 듣던 날 당신을 만났다
와불 옆에서, 백목련을 보았던가

날마다 일어났던 그런저런 일들이
얼마나 엄청난 일이었는지 나는 몰랐네

동그라미의 선이 지워지고
네모의 탑이 허물어지고

아아,
기도하는 마음까지 모두 챙겨서
언제 사라졌을까 파란 하늘은

흙 없는 곳에서
비이-비이 땅강아지가 울고
두리번거리며 나는

하늘 없는 곳에서 하늘을 찾네

2부

●

아무도 없다
심장을 꺼내서 맡겨도 될
사랑도 떠나가고, 아무도 없다
내가 누군가의 심장을 따뜻하게
보듬어 주지 않은 후부터

목련

네 웃음처럼 피더니
깨진 유리 조각 되어
가슴 베며 진다

목련 아래

너 없어

마른 뻘밭 같은 가슴을

고엽

1

치과에 다닌다는 그의 소식을 들었다

가끔 웃기도 한다는 그의 소식을 들었다

좋은 소식이다
이 가을, 그의 곁에는
따뜻한 커피가 있겠구나!

2

초록을 뺏어 간 건 바람이지만
가슴에 구멍을 뚫은 건 다정이었지

그대,

그대 굿바이

으악새 언덕에서

그림자 접고 접어도
나는
그늘을 만든 사람

당신의
웃음을 빼앗은 사람

나를 버리지 못한 이유로
우리의
새벽을 깨뜨린 사람

가장 크게 울고 싶었지만
세상이 먼저 울고 있었다,

당신이 울고 있었다

손님처럼 비추던 한 줌 햇살도
나의 등을 비켜 가고

이제
익숙했던 모든 것들과
헤어져야 할 시간

울어서는 안 된다,
이별 후에도 당신을
사랑해야 하니까

봄은 왔다가 가고

마침내 나 없이 찬바람 불면
아옹다옹 언덕의 으악새나 되어서
그때 왼종일 으악으악 울리라

타인의 섬

내가 있는 곳은 당신의 동쪽 항구.
새벽에 잠드는 나에게
아메리카에 사느냐고 당신은 물었다.

당신이 있는 곳은 저녁이면 잠드는 섬.
네온도 잠이 드는 그곳은
바다 건너 아메리카보다 열 배는 더 먼 곳.

높이 나는 갈매기도
부지런 떤 아침 새도
사라진 지 오래인 섬.

몇 번씩 팔을 뻗어 다가갔지만, 나는
그 섬의 정오에 바보가 되는 사람.
그 섬의 저녁에 죄인이 되는 사람.

끝끝내 당신의 세상과 타협할 수 없었다.
하지만, 버틸수록 조여오는 절반의 결핍.

타인의 섬에서 숨 쉬어야만 한다!
분노와 슬픔은 옷걸이에 걸어 두고
지금은
항구의 불빛을 모조리 꺼야 할 때.

당신의 옆에서, 또다시 당신의 옆에서
타인의 후예처럼 남겨지긴 싫어서

자정을 베고 누워 수면제를 삼킨다.

*어차피 안아야 할 대상은 내가 아닌 타인(의 세상)이라는 생각을 해 봅니다…

첫눈 내리는 소리

아랫목에선 들을 수 없는 적막의 소리 새를 좇는 소리 해와 달을 숨기는 소리 처마 밑에서 강물이 되는 소리 기도하는 손끝으로 들려오는 첫눈 내리는 소리

내가 사랑하는 사람이 내게 찾아와 나를 사랑한다고 말하고 말하고 말하는 소리 첫눈 내리는 소리 사랑의 속삭임 속삭임 속삭이다 떠나가는 소리 허망의 소리 꿈속의 소리

기다림도 그리움도 모조리 빼앗아 간 허공 그 너머로부터 종소리보다 크게 가슴을 때려대는 환장하는 소리 영원히 들려오는 저 첫눈 내리는 소리

외로운 사람들

평생을 다가가도 이르지 못한 그곳은
여자라는 이름의 항구
비바람 눈보라 헤쳐 나오며
손을 뻗어 보지만 짙어지는 안개
홀로 선 등대처럼 밤이 되면 외로웠다
다정스런 눈빛으로 정박하고 싶었지만
뱃고동 울려봐도 동백꽃만 뚝뚝 졌다

카페라떼의 바다에서 파도 소리 들리면
앙상해진 마음의 심지 리본이 풀렸다
아무리 안으려 해도 빠져나가 버리는 그것은
남자라는 이름의 신기루
치와와가 꼬리치며 애교떨기도 했지만
종이 인형과의 파티가 끝난 후
그 여자도 밤이 되면 외로워서 울었다

노루

집에 가면 아내가 없다, 쓸쓸하게도
집에 가면 남편이 없는 여자와 우연히
같은 엘리베이터를 탄다
위태로운 아침을 부르는 노루의 눈빛,
당신은 누구세요?
묻지 않는 사이 엘리베이터 문이 열린다
손끝으로 기억한 비밀번호를 누른다

남편에게서 아내를 훔쳐 간 발라드가 멈추고
아내에게서 남편을 뺏어 간 술병이 비었다
집에 도착한 다음에야
아내 없는 남편과 남편 없는 아내가
낯선 사람을 외면하며 무담시 한번 웃는다
금이 간 지 오래지만 아침이
멀뚱멀뚱 쳐다보고 있었으므로
웃는다, 폭설에 갇힌 노루의 눈빛으로

손을 내밀면
금방 부서질 것처럼 위태로운 아침은 갈까

아무 일 없었던 것처럼, 아내는 돌아올까
손을 내밀면
쥐가 날 때까지 아내의 팔베개를 해 줄
남편은 찾아올까

모르지
누구라도 먼저 손을 내밀면
넘실대는 초록 들판, 노루가 춤을 추고
물에 비친 황혼을 보며 함께
강둑을 걷게 될지, 아직은 모르지
우리집이 아닌 우리 집

노루 눈동자 네 개가 창밖의 허공에서
허공을 보고 있다

*사랑하는 벗 F에게// 살면서, 한결같음이란 때로 얼마나 지겨운 일인가! 하지만 초록을 빼앗아 줄달음치는 바람이 불면, 따뜻한 손길로 서로 보듬어 주시길… 작아진 희망보다 더 작을지 모르는 불씨, 그렇지만 부디 꺼뜨리지 마시기를…!

담쟁이

왼쪽으로 가고 싶었는데
누가 끌어당긴 것처럼
오른쪽으로 쓰러지곤 했다
햇볕은 자주자주 편파적으로 비추었다
어느 쪽으로 쓰러지든 상관없었다 다만
여름이면 뜨겁고 겨울이면 차가운
벽만 아니었으면 싶었다

길이 끝나는 곳에 바다가 있다고 가르쳐 준
바람아
질긴 생명력이라고 노래하진 말아다오
의지만으로는 도달할 수 없는 그, 바다
이 목숨이 온전한 내 몫이라면
허공에서 한바탕 춤이라도 춘 후에
땅거미로 추락해 익사해 버리고 싶었다

나의 꿈이 꼭대기가 아니었듯이
나의 좌절은 벽이 아닌 바다였다고
바람아 말해 주렴

벽,

머무르고 싶지 않아서 오르는 것뿐이라고
오르고 오르면 바다가 보일지 모른다고
이왕이면 동남풍으로 말해다오, 바람아

동백꽃

오늘
내가 죽었다
아무도 울지 않았다

동박새 두어 마리
바람의 알갱이 쪼아대는
무덤 하나 없는 언덕

투둑, 투둑,
변명도 없이
벗들 이별하는 소리

그리움을 담보하지 않는
통증 속에서
붉게 웃었던 세월

당신의 등이 멀어지고

다시는 오지 않을 것이어서

마지막 붉음 끌어올려
봉오리째 툭,
내가 죽었다

붉음이 바래질 때까지
내가 나를 울었다

사랑은 홀로 울지 않는다

세상에 당신 같은 사람 없는데
세상에 나 같은 사람 없는데

나는 당신이 아니어서
당신은 내가 아니어서

미안해
나란히 걸을 수가 없었어

홀로 강둑에 서서
운다, 마침내 타인이여

어느 무명 작가의 오후

행운목을 잘라버리기 위하여
오피스텔을 나선다
사랑처럼 눈물처럼 별처럼
버리고 버렸지만
차마 버리지 못한 낱말들을
무성히 웃자란 행운목이 가리고 있었다

커피가 먹고 싶다 누군가를 마주 보며
블랙커피 한 잔을 먹고 싶다
휴대폰을 만지작거려 보지만 오늘은
행운목을 잘라버리기 위하여
'다있소'를 들러야 한다 다있소에
커피는 없다 안다 네 잎 클로버도 없다
커피잔 속에서 네 잎 클로버 찾을 수는 없다
마른 감수성 하나 입력한 적 없으니
휴대폰 속에서 까치가 울 리도 없다

찾는 물건은 너무 크든가 작았다 그리하여
변명 따위가 절대 아니지만 갑자기

커피 대신 소주가 먹고 싶다 어제처럼
누군가와 함께 쓰잘데기 없는 대화로
쓰잘데기 없는 시간을 죽여버리고 싶다
사회 개혁이니 인문학적 혁명이니
비분강개의 목소리로 실컷 떠들고 싶다

배꼽에서 욕지기가 바글거릴 때쯤
행운목을 잘라버려야 한다는 핑계로
살살 일어나서
철물점에나 들렀다 가면 될 일이다

휴대폰은 호주머니에 얌전히 잘 있다
원고 청탁이 없으니 마감 독촉도 없다
철물점이 보 인 다, 지나쳐 간다
행운이란 버려야 할 목록 1호라는 걸
어금니가 진즉부터 외쳐 알고 알지만
행운목, 하루만 더 지켜보자!

접지도 펴지도 못하는 꿈을 안고

톱을 구하지 못한 채

어느 무명 작가의 오후가 기우뚱, 저문다

*네 잎 클로버는 행운을 상징하고, 까치가 울면 반가운 소식이 온다는 속설이 있음.

소설 속으로 가는 기차

앉아서 삼천리
서서 구만리를 보는 척했지
한 걸음 떼어
이삭과 모종을 다스리고
손가락만으로
죽음과 탄생을 함께 관장하던

F는

정거장에서 길을 잃었다네

님의 눈물과 벗의 다정이 너무 무서워
반려견의 꼬리질이 너무 두려워
오도 가도 못 하고 맴을 돈다네

누구나 넘었던 언덕에서 저 홀로
무의미한 화석처럼 굳어가던 죄로
눈앞의 돌부리 하나 넘지 못하고
듬성듬성 수염이 뽑히고 세상에!

창조했던 산신령에게 목줄을 잡힌 채
들어오는 기차를 보내고 보내고
보내고 있다네

두 손 모아 빌어 빌어도 봤대지 F
하필이면 그때, 삼복에 실수하여
까치를 얼어 죽게 했대지
노망난 산신령 쫓겨난 산신령 그만
죽일까
죽여버릴까

소설가 F가
처녀림의 펄떡거리는 낱말을 태우기 위하여
기차를 기다리네, 보내고서 기다리네
기다려도 오지 않는
의미와 의미 없음의 경계

행간을 채운 죽은 낱말들이
초록 속의 초록되어 지천으로 넘쳤지

사산아를 가득 실은 기차는
소설 속으로 떠나가고

양들의 송곳니는 자라나지 않았네

F가 정거장에서
녹슨 쇠사슬을 제 목에 두르고
해가 지거나 별이 질 때까지
산신령의 성긴 수염을 쓰다듬고 있네

00번 국도의 유령

그 은행나무 아래로 나를 데려다주오
그 은행나무 아래로
그날의 달님을 데려다주오
그날의 맹세가 스치는 바람이라니요
달님도 증명할 수 없다면
그 은행나무 가지에 나를 매달아 주오
이슥고 무정한 달밤에, 00번 국도 언덕에
긴 머리 소복 차림 영혼 하나 보인다면
후사경으로 애써 나의 모습 찾지 마오
후드득후드득 빗방울 떨어질 때
울다 웃다 다시 우는 나의 소리 들린다면
오직 그 사람 데려다주오
사라진 가지 사이사이 발 없이 너울거리다
외로운 영혼 하나 웃다 울 수도 있지요
그날의 은행나무처럼 나 밤새 기다릴 테요
맹세는 잊었다오 다만 그대 볼 수 있다면
사랑의 기억 보듬고 떠나갈 수 있다오
잘려진 은행나무처럼 잊혀질 수 있다오

그녀를 빼고는

그녀 빼고 모두가 내게 멋지다고 말했다
그이 빼고 내게 세련된 사람이라고 말했다
그녀 빼고 나이보다 젊어 보인다고 말했다
그녀 빼고 그녀가 부럽다고 말했다
그이 빼고 술 몇 잔 먹는 건 잘못이 아니라고 말했다
그이 빼고 요즘 세상 새벽의 귀가쯤 흔한 일이라고 말했다

어쩜 그렇게 다재다능할 수 있느냐고 말했다
감춰둔 춤과 노래가 연예인 뺨친다고 박수를 쳤다
그녀 없는 모임에선 주인공이라고 믿었다
그이 없는 장소에선 마치 신데렐라가 된 듯싶었다

연속극에서처럼, 속옷과 양말을 가지런히 정리해 두고 싶었다
말 잘 듣는 야생마 한 마리 키우고 싶었다
창문을 열면 꽃과 새들이 언제나 나를 반겨주면 싶었다
홀인원 치는 꿈을 깨워도 웃어주려고 했었다

내가 고른 목도리를 그녀가 좋아했으면 했었다
내가 사 준 진바지를 그이가 입었으면 했었다

내가 좋아하는 헤어스타일을 거절하고
그녀는 어째서 유행이라는 함정 속으로 걸어간 걸까
키는 작고 배는 나오고 개성이 다 다르다는
그이의 목소리 들리지 않았다 그리고

내 마음대로 자유롭게 살아질 줄 알았는데
그렇게 빨리 어항을 치워야 할 줄 몰랐다
그렇게 빨리 소나무 분재가 죽을 줄 몰랐다
그녀가 떠나고 내 가슴 온통
그녀의 그림자로 채워질 줄 몰랐다
그이를 빼고 이 세상에
중요한 것은 아무것도 없다고
알게 될 줄은 몰랐다

낙조 전망대 답사기

나는
까망이 육십이고 하양이 사십이라
짙은 회색이라오

당신은
까망이 사십이고 하양이 육십이라
옅은 회색이구려

A4 용지에 오늘을 얹어 복사기에 넣자
대부도 앞바다 갈매기들의 발자국도
회색으로 나옵니다

하늘은 온통, 죽음의 유혹 회색이오
어제 아닌 오늘은 회색이오, 미안하오
굽이굽이 돌 때마다 짙어졌던 회색

울지 마오, 그런 회색 부둥켜안고
흘려야 할 당신의 눈물이 남아있는 한
그 눈물 닦아주기 위하여

살아남을 참이오 날마다 조금씩
내 남아있는 하양을 모두
당신에게 주겠어요 나는 나를 죽이고

살아야겠어요

사랑꽃

쓸쓸해하면 돼 안돼?
외로워하면 돼 안돼?
　　　　저 혼자 피었다고
　　　　저 혼자 웃는 꽃

믿지 못할 사랑이라고
믿으면 돼 안돼?
　　　　난 모른다

사는 게 다 그런 거라는 말
개에게나 줘버리면 돼 안돼?
　　　　나 없이 흔들리다
　　　　나 없이 우는 꽃

팍, 원래 없었던 것처럼
사라져버리면 돼 안돼?
　　　　난 모른다

묻는 게 아냐

대답하지 마

　　안 볼란다 안 볼란다

　　웃는 꽃 우는 꽃

대답하지 마!

　　나의 미운 사랑꽃!

게으른 사랑

나는 게을러서
사랑이 싫었네

동트는 아침이면
뻔뻔해진 사랑이 싫어서 눈 뜨기가 싫었네
밤새 피아노 건반을 두드려도 환희에 떠는
그런 사랑 없었네
색이 바랜 풍경화, 수정할 수 없는 표정들
나이 많은 소녀는 어디 가고
나이 어린 여인이 있었네
욕망에 찌들은 여인만 있었네
길들이고 싶었는데 길들여져 있었네
먼저 짐승이지 않고서야 보일 수 없는
너 역시 짐승이라고 말하는 듯한 눈빛
이해(利害)와 타협, 체념의 몸짓들과
밀고 당기기 싫었네 오르내리기 싫었네
싸늘히 식은 가슴끼리
희나리를 태우듯이 억지 불붙여야 하는
의례적이고 습관적인 모든 사랑에

나는 가장 게으르고 싶었네

달나라 토끼처럼 사라져버린 세레나데,
나이 많은 소년은 어디 가고
나이 어린 어른이 있었네
통속에 몸이 단 어른만 있었네
사랑 그 빛나는 이름 앞에
누구보다 부지런 떨고 싶었지만
저만큼 뒤처져서 고개 숙이는 이성(理性)
저만큼 앞서가며 죽어버린 본능(本能)

나는 게을러서
사랑이 싫었네

비보다 먼저 온 이별

비 온다는 예보, 역시 틀렸군
나중에 내릴지도 모르는데
역시라니, 무슨 근거로 그런?
우리가 우산을 들고나왔잖아

긍정 없이 봄이 갔고
여름은 너무 무거웠다
비가 오지 않은 시각의 우산이
머리부터 발끝까지 나를 적셨다

비를 맞으며 그가 왔었다
우산은?
나는 묻지 않았고
그는 설명하지 않았다

우리가 앉았던 노란 벤치에
봄과 여름의 낙인처럼
낙엽이 쌓여
비에 젖고 있었다

마중

기다려다오
남아있는 쌀 한 홉
다 먹을 때까지
고향 잊은 기러기처럼, 죽음아

떠나지 마라
동백꽃 해찰하는 달님
강물에 뜰 때까지
까만 길에 길 잃을라, 기러기야

보이지 마라
두어 나절 지나 깔끄막
보송해질 때까지
미끄러우면 쉬었다 오렴, 달님아

먼저 간 사람들이
꿈에서도 부른다 사뿐사뿐
춤추며 오는구나
아니 오지는 않으리라, 그대여

사랑은 옆구리에서 멀다

모든 사물엔 그림자가 있다
그림자의 그림자가 있다
빛과 사물의 고향, 존재 이전부터
한 번도 침범당한 적 없는 어둠이 있다
그림자와 그림자 사이에서 발아하는 이별은
어둠에 가려 보이지 않는다

겹쳐지는 그림자에 이별을 숨기고
북극성을 지나 당신에게 간다
직진이다 우주의 절벽이 있고, 그 끝에
희망을 죽이며 사는 타인이 있다
어둠의 절망 빛으로 서 있다
나 아닌 당신이 바라는
나는 당신의 영원한 어둠일 수밖에 없어서
분노와 슬픔을 감추고 간절히 달려가도
탄식보다 먼저 사라져버리는 당신
나 역시, 결국은 당신의 타인
당신의 우주 나의 우주가 날마다 죽는다

당신이라는 우주는 옆구리에서 멀다
가슴에 구멍 뚫린 혹한의 병사에게
한 걸음도 다가오지 않는 별이 사는 동네,
다리가 부러진 사막의 낙타에게
한 모금의 물도 주지 않고 혼자 흐르는 강물
일어서려는 의지보다 먼저
본질의 뒤틀림이 시작되는 타인들 속 거기,
내가 꽃이 아닌 세상에 우리가 산다 옆구리에
차곡차곡 이별의 그림자를 쌓으며
목마른 사랑이 산다
영원히 멀어서 영원히 다가가야 하는

황혼이 오기 전에

부딪치는 손끝에서
마음이 식은 것을 알았을 때
전보다 한 걸음
다가가야 했습니다

마주치는 눈길에서
사랑이 떠나는 것을 보았을 때도
옷자락 부여잡고
매달려야 했습니다

나를 떠난 것은 세월이 아녔습니다
남아있는 온기 보듬어 주지 않아서
세월은 차갑게 차갑게 식어간 것입니다
아득한 하늘, 홀로 건너는 날 오리란 것을

황혼이 오기 전에
알아야 했습니다

날마다 조금씩 내 곁을 떠나며

안타까움에 멈칫대던

그 세월 더 힘껏

사랑해야 했습니다

로그아웃

버텨내지 못할 줄 알면서도
붉은 잎 몇 장 들고
가을과의 동거를 시작합니다
방이 좁아서
산과 바다, 하늘만 저장합니다
초록을 빼앗긴 울긋불긋만 저장합니다
꿈에서도 그리워했지만
방이 비좁아서 만날 수 없는
문밖의 한 사람 또 한 사람 떠나고
내일을 데리고 가을도 따라 떠났습니다
TV를 켜둔 채 로그아웃을 합니다
앙상한 겨울나무 가지에
고독한 한 사람도 저장이 됩니다
봄이 올 때까지, 봄이 올 때까지는
움직이지 않을 모양입니다
사람의 덕을 보려는 듯 차게 식은 바닥이
사람의 등에 실망하여 돌아눕습니다
전문가 두어 사람이 네모 속의 네모에서
고독사가 어쩌고저쩌고

나불나불, 거립니다
북쪽에서 불어온 바람 소리에
전문가의 입이 로그아웃 됩니다 이어서,
광고입니다

3부

●

당신의 고독은 강을 건너서
내게로 와 머무는데
나의 사랑은 너무 가벼워
강을 건너지 못합니다

나 아직 살아있는 까닭으로
두 번 다시 당신의 손
잡을 수가 없는 몸

308호실에서 2

동쪽이 무너지고 있어.
무기가 필요해.
세상의 모든 무기를 없애버릴
무기가 필요해. 구할 수가 없어.
거기 흰옷 입은 아저씨,
일단 내게 끈 1미터만 줘 봐.

서쪽이 무너지고 있어.
바이러스가 필요해.
바이러스를 모조리 죽여버릴
바이러스가 필요해. 아직은 없어.
거기 흰옷 입은 아가씨,
일단 내게 청산가리 두 스푼만 줘 봐.

남쪽이 무너지고 있어.
따져야겠어.
나는 죽어야 돼. 조물주를 만나
확실하게 불확실한 미지수 때문에
숨이 막혀 죽겠다고, 가서 한번 살아보라고

멱살을 잡을 거야.

북쪽이 무너지고 있어.
봐 봐.
하늘이 점점 낮아지고 있잖아.
하늘이 완전히 내려앉기 전에

밥 줘! 배고파.
밥 먹고 갈 거야, 조물주 만나러.

*이 세상이 어쩌면 거대한 308호실일지도 모르지만, 308호실은 가상의 공간입니다.

바이런의 변명

밥을 뺏었나 옷을 벗겼나

앵앵대며
팔 다리 얼굴
은근은근 손으로 만지다가
슬쩍슬쩍 제 주둥이를 들이대는

너

오늘 디졌어!

딱 한 번만 용서해 주지, 나갓!
할딱이며 문 열어 줬더니
열려져 있는 문 열 일 있냐며
친구까지 불러 은근은근 슬쩍슬쩍

너흰 오늘 다 디졌어!

채도 없이 약도 없이

파리 잡으려 뱅뱅 돌던 바이런*,
한 번 더 유명하게 할지도 모를
절창의 몇 마디를 까먹고 말았다네

*자고 나니 유명해졌다는 영국의 낭만파 시인.

갈치를 먹으며

사 남매, 도리상에 둘러앉아
지우개보다 조금 큰 갈치구이를 먹는다
아무도
생선 뼈 바르는 방법을 가르쳐 주지 않았다
목구멍에 가시가 걸려도
질금, 눈물 한 방울과 기침 두어 번
김치 한 볼테기 있으면 일도 아니었다
어두일미(魚頭一味)라며
갈치 대가리 차지한 할배 헐헐 웃으시며
토방에서 마루를 기웃거리는
누렁이의 머리를 살그머니 발로 미신다
뼈까지 씹어야 제맛이죠
아부지가 갈치 꼬리 쪽을 씹으시다 힐끗,
숭늉 담긴 바가지에 두어 숟가락쯤
식은밥을 퍼담는 어무이를 본다
도리상과는 저만큼 멀게
엉덩이를 걸친 듯 만 듯 마루 끝에 앉는
어무이를 본다 그러다가
혀를 날름거리며 낑낑대는

누렁이를 힘껏 차서 마당으로 쫓으신다
둘째가, 밥을 조금 남기고 일어선다
누렁이의 목줄을 당겨 사립문을 나선다
꼬랑지 빠지겄다
으쓱 말하며
노랗게 익어가는 달 한 번 쳐다보곤
반 주먹쯤의 갈치 가시를 쓰윽 내민다

살만 발라서 줘 보지만
아이는 한사코 고개를 흔들어
갈치를 외면한다
아버님, 아이가 안 먹는대잖아요
아이 에미의 목소리에 가시가 있다
가시가 둘째의 목에 턱 하니 박힌다
영영 내려가지 않을 것 같은 가시,
밥상은 온통 가시뿐이다
고향은 갈치 토막보다 한 뼘 더 멀어지고
터지는 기침,
마른 눈물 한 방울이
실종된 갈치 대가리에 얹힌다

호박잎 개떡

고추잠자리 한가로운 노을빛 하늘,
섰다 앉았다 건성으로
호박잎 껍질을 벗긴다

발도 없고 날개도 없는 뜬소문을 주의할 것
가을 배암 잔뜩 독이 올랐으니
치마 밑을 주의할 것
탱자나무 가시에 찔려 눈물 뚝뚝 흘리는
나팔꽃의 오후는 모른 체 하자
절대로 절대로 그 사람 원망은 하지 말 것

허벅지 꼬집으며 했던 다짐
스멀스멀 움직인다
저 아득한 봄부터 가슴을 두드리던
바스락거리는 소리
다 붉기도 전에 가을은 벌써
도망갈 채비를 하나보다
쌀독이 깊어지고 밤은 더 길겠지
추수 끝난 들판엔 부지런한 참새 떼

쑥 향기라도 맡으려면 몇 날이나 가야 할지,
꼽다가 마네

땅거미 뒷산 너머로 제 그림자 끌고 간다
서글픔에 등 떠밀려 휘적휘적 걷는다
친정 쪽 언덕을 넘어오는 쌀밥 짓는 내음새
가끔씩 들려오는 동네 남정네의
우렁우렁 이야기 소리
깨문 입술이 가을빛으로 멍든다
애달픈 푸르름 남기고
서쪽으로 간 사람 아,

사라진 잠자리 떼는 어디로 갔을까
막둥이가 울어요 배고픈가 봐요
멍멍 짖으며, 꼬리 흔들며
탱자나무 울타리 구멍으로 백구가 먼저 뛰어오고
어무이 하며 달겨드는 오누이의 목소리
아, 돌아가야지
개떡을 만들려면 호박잎이 있어야지!

오누이의 작은 손이 손안에서 글을 쓴다,
어무이 어무이 우리가 있잖아요

땃땃땃땃

땃땃땃땃…
몇 번을 켜도 가스 불이 붙지 않는다
진지는 드셨어요? 하지 않고
밥 묵었어? 묻는다
진지를 설명하려면 피곤하다고 했다
딸내미는 늘 바쁘고 피곤하다
배부르긴 혀, 근디…
알약 몇 개는 손에 쥔 채로
물만 두 컵 마셨다
무엇을 덥히려고 했을까, 효도폰이 울리자
가스 불을 왜 켜려고 했는지 기억이 떠나갔다
엄니, 똥은 잘 싸? 무릎은 괜찮고?
암시랑토 안혀
말뿐이란 걸 딸내미도 잘 안다
아이 학원이 어쩌고 김 서방이 저쩌고
땃땃땃땃… 어쩌고저쩌고
그럼 오늘은 안 들려도 되겠네?
제 말 끝낸 딸내미가 전화를 끊는다
어제도, 그제도 안 왔잖아

서울말은 늘 머릿속에서만 맴돈다
비행기 소리가 들리는 것도 같지만
두 밤, 아닌가? 세 밤이 지나야
봄을 두고 봄소풍 갔던 아들 식구가 온다
주식이 어쩌고 경제가 저쩌고
교회와 언론과 대통령이 어쩌고저쩌고…
그런 걸 왜 해요? 그러니까 안 되지요!
벌써부터 머릿속을 두드리는 말과 말들,
젊은것들은 어찌 그리 할 말이 많을까
유럽이 어디쯤 붙은 동네인지 몰라도
등긁이나 하나 사 오면 좋겠다
땅을 밟고 싶다 아무 때고 마음 내킬 때
동네 한 바퀴 돌았으면 싶었다
상추 고추 싹들은 벌써 파랗겠지?
제비 부부는 왔는지 몰라
널따란 집에서 평생 쇳대 없이 살았는디,
우째 이런다냐, 무담씨 숨이 맥히네
후우, 웬수 같은 아파트 비밀번호!
땃땃땃땃…

몇 번을 켜도 가스 불이 붙지 않는다
중간 밸브가 잠겨져 있었다
뭣 땜시 봄은 올까, 열불나게

무릎 한 번 더 펴자

어린이날에
꼴 베던 아이들은 가라
지각했다고, 기성회비 못 냈다고
두 팔 올려 벌서던 아이들은 가라
으스스 바람 불고 달 홀로 밝을 때
가마니문 달린 칙간서 볼일 보고
지푸라기 찾아 두리번거리던 아이들은 가라
말타기 연습하던 고구려의 아이들
활을 쏘던 신라 백제 아이들이 간 것처럼
가라, 고려의 탄식도
조선의 눈물도 바람에 섞이었다
노동절이 뭐냐며 당연한 것처럼 일하고
어쩌다 쉬는 일요일 하루
목욕탕에 다녀오고 밀린 빨래 끝내고
연애편지는 끝끝내 끝내지 못한 채
지쳐 쓰러지던 아이들도 이제, 가라
사월 초파일에 쑥을 캐던 가시나,
크리스마스 새벽에
신문 돌리던 머스마도 가라

모퉁이를 돌고 돌아도 끝이 없는 목마름,
서른도 거짓말 마흔도 거짓말 오늘도!
오늘도 거짓말, 하지만 가기 전에 벗이여
시린 뼈를 부둥켜안고
우리는 20세기를 건넜노라
우리는 21세기를 버텼노라
크게 한번 웃자 기지개 한번 더 켜자
갈 때 가더라도 가기 전까지
무릎 한 번 더 펴자
무릎 한 번 더 펴자 벗이여
벗이여!

내 혈관에도 붉은 피가 돌았으면

열차가 터널에 들어서자
풍경이 사라진 밖을 향해
사진을 찍는다
아직 다 울지 못한 얼굴 하나가,
복수초 들국화 섬진강도 안아봤지만
위로받고 싶다는 듯 외롭게, 하지만
낯선 표정으로 나를 보고 있다
거짓으로라도 즐거운 척
심장을 쉬게 하고 한번 웃어주니
슬픔과 분노의 색깔이 저러할까,
혈관을 돌던 회색의 피가 터져
유리창을 적신다
열차가 터널을 벗어난다
사진창을 열자 나는 보이지 않고
박제가 된 안의 풍경만 있다
나는 안에 없으므로
밝은 곳에서의 나는 내가 아니므로
없는 내가 없어져 버린 나를 본다
세월을 씹고 씹다 흔들리는 어금니는

어차피 보이지 않는 혼자만의 아픔,
내 혈관에도 붉은 피가 돌았으면 좋겠다
어둠을 찢고 나와 박제가 되고 싶다
나는 또 터널을 기다린다
종점에 도착할 즈음
내 몸을 돌던 회색의 피가 전부 빠져나와
사진창에 저장되어 버린다면 좋겠다

개망초

아침 아홉 시 무렵
잠이 들곤 했단다

어느 날
사람들의 출근이 끝날 때까지
퇴근하지 않았단다

부르지 않아서 잊혀진 이름 석 자가
몇몇의 입에서 뱅뱅 돌다 떠났단다

경비실 담장 봄 쪽의 끝
비정규직 그의 모습 치워진 자리엔
개망초 피어서 바람에 흔들리고

가끔 오던 조문객처럼
흰나비 두엇 노랑나비 한둘
다녀가곤 했단다

찬란한 번뇌

사라지지 않는 것은 존재가 아니다

존재했으므로
우리는 조금씩 사라지고 있는 것

사라지면서
무엇을 어루만지고 갈 것인지는 오롯이
살아있는 날들의

찬란한 번뇌

하루

미리 온 내일은
어둠 속에서
오늘의 임종을 기다리는데

어제 죽은 어제는
어느 별에 머무는지

신라의 임 백제의 벗들과
어깨동무하는지, 아니면

마른 감나무 가지를 지나
새벽달 등에 업혀
가고 있는 중이냐!

잘 익은 홍시처럼 툭, 떨어진
빛이여 또 내일의 어제여

21세기의 하루여,
너는 어느 별을 거닐다가

이 세상 문지방을 넘어왔느냐

빚쟁이처럼 옭아매며
고뇌의 도끼날로 내게로 와 머무느냐

새야

네 한숨 내려놓지 않고 살았다면
가슴이 무거워
강물에 빠졌을 것이다 새야

네 노래에 향기가 없는 것은
지금의 날개 크기에 스스로
만족해 버렸기 때문이라지만

그 향기 버리지 않고 살았다면
네가 날던 하늘 날지 못하고
걸어 다녔을 것이다 새야

무한소 3, 나비를 보며

나비의 좌우 날개는
완벽한 대칭이 아니다
노란 나비는 동쪽 날개가 조금 길었고
하얀 나비는 서쪽 날개가 약간 가벼웠다
나비가 할 수 있는 가장 쉬운 일은
부정(否定), 그리고 남는 시간엔
침묵과 멈춤이었지만
죽을힘을 다해 나비는 난다
비대칭의 날개를 가진 죄로
직선으로 날지 못해 곡선으로 난다
그 날갯짓이 있어 봄이 오가고
그 날갯짓이 있어 꽃봉오리들 피어난다
비와 바람이 수없이 두들기고
잡목(雜木)의 뿌리와 칡넝쿨이 밀고 당겨도 꿈쩍 않던 바위가
그날 그 시각에 쪼개진다
나비의 날갯짓은 이듬해
플로리다 해변의 허리케인이 되기도 한다
긍정(肯定) 없는 세상,
죽을힘을 다한 나비의 날갯짓이

이 세상의 균형을 맞춘다
부정을 부정함으로써
도전과 긍정의 씨앗을 퍼뜨린다

직박구리가 나비의 애벌레를 물고
제 둥지로 향한다
살아남은 나비, 직선으로 날고 싶은 나비,
공격용 뿔 대신 더듬이밖에 없는 나비는
뿔이 솟구치는 그리움 안고 곡선으로 날고
비대칭의 발을 갖고 태어난 죄로 우리는
걸을수록 뒤뚱거리며 슬픔에 젖는다
몇 마리의 나비가 몇 번의 날갯짓을 해야
슬픔의 안개가 걷히는지 아직은 묻지 말자
북쪽으로 향한 발은 조금 짧았고
남쪽에 남은 발은 약간 무거웠다
죽을힘을 다해
한 걸음 더 내디딘 적 있었던가!
우리의 오른쪽 심장은 진작에 멈추었다
원치 않은 폭풍우에 꽃들이 떨어지고

수많은 나비의 애벌레가 사라지곤 했어도,
우리의 왼쪽 심장 하나는 힘차게 뛰고 있다
우리에게 날개가 없다는 분명한 사실이
완벽한 동그라미는 없다는 어김없는 사실이
오늘 우리가 살아있는 이유이다
아직은, 박제되지 않은 긍정과 희망이다

*무한소(無限小): 변수 x의 절댓값이 0에 수렴할 때 그 변수 x의 상태(엄밀히 따진다면 존재하지 않는다고 할 수 있고, 분수로 나타내면 무한대분의 1로 표현 가능하다).

무한소 4, 변태(變態)의 경계

꽃향기 찾아
왼쪽으로 날던 나비 한 마리
맹렬한 동료들의 날갯짓을 보다가 문득
반복되는 그 의미에 동참하기가 싫어져서
날개를 접고 추락하여 사망한다.
하루가 지루해서, 오후가 가기 전에
소멸의 대열에 줄을 서는 하루살이처럼.
삼라만상을 지탱하던 막대저울의 균형점이
살짝 오른쪽으로 기운다.
히틀러였는지 베토벤이었는지 아무튼 그가
오른쪽으로 가다가
왼쪽으로 방향을 틀었다.
미래의 그도 아주 조금 눈동자를 움직였다.
역사가 구시렁거리며 예정대로 흘러갔다.
과거와 미래의 사념이 모든 공간을 채워도
시간의 안배 밖에서 변태를 넘보지 못한다.
존재 이전부터 있었던 시간만이
블랙홀 속에 갇혀서도 임계점의 경계를 드나들며
존재 이후에도 남을 시간과

조물주의 나이를 계산기로 두드리고 있었다. 다만
오른쪽이든 왼쪽이든 선택하는 자의 몫이라고
시간은 고양이의 눈을 통해 말을 하고 있었는데,
떨어져나온 하품 같은 과거와 미래를 덜어 젊어지고
왼쪽 오른쪽을 오가던 자벌레 한 마리
막대저울의 균형점으로 되돌아온다.

휴식 끝낸 늙은 낙타가
추락하는 나비 쪽을 외면하며
제 갈 길 터벅터벅 걸어갔다 왜냐하면
낙타는 그 시각에 터벅터벅 걸으면서
눈을 돌리지 않기로 되어 있었기 때문이다.
나비의 추락이든 상전벽해든 빅뱅이든
질서는 이미 시간이 결정해 놓았으므로. 그리하여
거센 폭풍 속의 바다거북이 그러한 것처럼
지구의 껍질에서 큰 걸음 걷겠노라! 다짐하며
왼쪽으로 걸어가는 한 사람도 그날 태어났던 것이다.

나는 가끔 오만해지고 싶어

나는 가끔 오만해지고 싶어
욕심대로 하자면
자주자주 오만해지고 싶어
날마다 오만해져서
더 이상은 오만할 수 없도록 나를 만든
오만한 그의 앞에서 당당히
인간은
가끔 오만할 자격이 있지 않느냐고
빳빳이 고개를 쳐들고, 오만하게 묻고 싶어
이미 예정된 내 삶을 간섭하고 싶어
한쪽 입술을 말아 올린 오만한 표정으로
내 마음대로 시간을 접고 직선을 구부려서
살사리꽃 사이로 날 훔쳐보던
첫사랑에게 가고 싶어
부지런 떨며 제 길 가는 개미,
꺼들거리며 그 죽음에까지 간섭하고 싶어

지나갈 때까지 쳐든 발 내리지 못했어
갑자기 개미가 웃었기 때문이야

그럴 줄 알았다는 듯이 개미가 개미처럼
더듬이를 끄덕거리며, 웃으며 지나갔어
내 속의 돌멩이가 조금 더 자랐지
자리에서 밀려난 간과 쓸개가
등뼈 뒤로 삐져나오고
무릎이 삭아 깨지는 소리가 들려
나는 속으로만 옹알이하는 거야

나는 가끔 오만해지고 싶어

그랬다지

굳이 몰라도 되는 것을 배우느라 청춘을 보냈다지
내려놔도 좋을 짐 짊어지고 비틀비틀 비탈길 걸었다지
쓸데없는 일에 얽매여 금쪽같은 세월 낭비하고
스트레스받으면 머리 하얘진다는 말에 스트레스가 쌓여
흰머리가 되었다지
건강식품과 소화제로 간과 쓸개를 학대하다
싱겁게 먹고 물 많이 마시라는 의사 처방을 받았다지
당신이나 적게 먹고 화장실 자주 가라며 웃었다지
걸으면 살고 누우면 죽는다는 들은풍월을
병상의 친구에게 건네줬다지
희미하게 깜박이던 사랑의 추억도
떨어진 꽃잎처럼 빗물에 흘러가고
우습지도 않은데 우스운 듯 말하는 이들의 숨,
쉬면 살고 멈추면 죽는다는 말 곰곰이 되새김질하다
영영 숨 쉬는 법을 잊었다지
나는 그렇지 않다고 생각하는 바보들끼리
왁자지껄 모여 자기가 들어갈 무덤을 파고,
그랬다지

어찌 바람 탓이냐

뿌리에 근심이 깊다고
울면서 피려느냐

가지에 아픔이 크다고
피면서 지려느냐

어찌 바람 탓이냐,
흔들리며 오다가
도착 없이 가는 봄이

합장(合葬)

흐린 달이 차올라 목구멍에 걸리면
젖은 보릿대로 끓여 주신
누룽지맛은 잊기로 하자.

그니 등의 아우는
몽고반점 자리 부풀어 올라
소스라치듯 그리도 울었을 거다.

개울 건너 주막집 불빛은
아우의 울음소리보다 멀고

옥양목 밥상보에 덮여 식어가던
아랫목의 독상(獨床).

업힌 막내 잠이 들자
풋감 떨어지는 소리 툭, 들리고
짓무른 마당 위 서성서성 그림자.

돌아오는 공달에는

미울 때 돌아누우시라고
그니의 방 두어 뼘을 넓혀야겠다.

가벼워진 아버지의 흔적 옆에 누이고,
빛바랜 아우 사진 곱게 불살라
그니의 봉분 앞에 뿌려야겠다.

SNS 마을

아무래도 이 마을엔
사람을 잡아먹는 귀신이 사나 보다
친했던 벗들이 어느 날 홀연히 사라진다
안부를 묻고 덕담을 주고받던
공감과 소통의 하트들
본전 없이 시작해서인지
책임도 무책임도 남기지 않고
찌그러진 동전 하나 남기지 않고
머문 흔적도 없이 자고 나면 사라진다
사람 사는 곳에
귀신이 살지 말란 법은 없지
만, 둘이 있다 하나 남은 풍경 같은
점점 시들하고 삭막해져 가는 SNS 마을
잡아먹히기 전에 내가 먼저 사라질까!
아아 오 우… 어쩌면
부족하면서 무심하고 모자라면서 야멸찼던
나 또한 누군가에게 귀신이 아니었을까!

먼 우주로부터 끊임없이 들려오는

외계인의 목소리 하나 해독한 이 없고
아직은 노벨상 수상자 한 명도
대통령도 살지 않는 초라한 마을,
이긴 하다만
위로할 수 없고 위로받을 수 없는
결핍과 허탈의 바다에서
속닥속닥 하하 호호 덧대진 지붕 아래
없어도 있었던 정다운 사람들…
그들은 모두 어디로 갔을까
하나둘 사라지고, 사라지고 사라질 때
나는 절반이면서 하나인 척 외다리로
있어도 없이 제자리 뛰기만 하였구나!

맞다, 부끄러운 부끄러운
내가 바로 절름발이 귀신이었닷

아양 떨지 말자

가장 아프게 정을 맞았지만
부처가 되지 못한
돌부스러기가 있다

가장 아프게 영혼이 깎였지만
십자가가 되지 못한
나뭇밥*이 있다

가장 명료한 잉어를 목에 두르고서
쿵쿵, 벽을 두드렸더냐

무난한 것들과 악수하고 살면서
손톱이 빠지도록 매달렸더냐

아양 떨지 말자

고뇌마다 아양이 아니라면
무엇이 아양이란 말이냐

상처마다 아양이 아니라면
무엇이 아양이란 말이냐

*목재 가공 과정에서 나오는 톱밥이나 대팻밥.

젖은 북을 치다가

젖은 북을 치다가
접동새 울음처럼 서럽게
늙어갈지라도

아버지의 그릇된 습관을
선생님의 잘못된 논리를
수정해야 한다
저 높은 곳에서 내려다보는 이의 오류와
의도하고 계획된 불확실성에 대해서
살려져 있음의 어처구니없음에 대해서
분노해야 한다
북소리 아직 물속에 있음으로
나의 피를 묻혀서
푸른 노트의 페이지를 넘겨야 한다

그것이 살아있음의
명백한 이유여야 한다

당연한 것들의 당연하지 않음에 대해서

당연하지 않은 것들의 뻔뻔함에 대해서

격렬한 거부의 몸짓으로
젖은 북이라도 두드려야 한다

그렇다, 가시 박힌 쇠몽둥이로 먼저
절망과 체념을 수용해 버린
나의 머리통을 후려갈긴 다음에!

사람아, 사람아

그 길로 가라고 누가 말한 것도 아닌데
가다가 길이 막혀 서 있는 사람아
짐 지고 가라고 누가 시킨 것도 아닌데
헉헉대며 살다가 허리 굽은 사람아
꽃을 꺾은 사람아 새를 쫓은 사람아
무책임할 수밖에 없어서 봄을 죽인 사람아
떠나가고 떠나가고 모두가 떠나가고
홀로이 고개 숙여 울고 있는 사람아
사랑아 사랑아 손짓일랑 말아라
내미는 손 외면하고 돌아섰던 사람아
하늘아 하늘아 부르지도 말아라
너의 시간 네 손으로 버리고 온 사람아

4부

●

불필요한 것들이
왜 그리도 많이 필요했을까

바랜 제목만 남아 쓸쓸한
겨우 존재 하나가
냄비받침으로 접혀서 불러보는
당신의 이름

순수

너는
망가지기 위하여 문을 열어 두었다
망가지고 싶어서, 승냥이들 동아리를 찾아
날고기 냄새를 풍기기도 하였다
얼굴이 화끈거리고 다리 힘이 풀렸다
덜 여문 풋내음이 이슬 맺힌 장독대에도
울창울창하였다
비린 아침, 핏빛보다 선명한 햇살

너는
망가진 다음에야 문을 걸어 잠갔다
추억이라 말했다, 그리움이라고 우기며
벚꽃 지는 거리에서 길을 헤맸다
아득한 현기증, 불협화음이 밀려왔다
꿈과 별은 너의 몫이 아니었지만 그날처럼
여울지고 있었다
허상에 갇혀 지나간 날들 되새김질했었지

이제

가슴속을 울리던 종소리 멈추었다
문을 잠글 일도 열어 둘 일도 없다
멍석 가득 펼쳐진 통속들과 악수했었지
부식한 시간들이 나뒹구는 세월 틈에서
해도 달도 외면하는, 누구도 쳐다보지 않는
이름 모를 꽃으로 피었구나 너는
이름 모를 꽃으로 지는구나 너는

떠나버린 기차에서 내려 언덕에 올라
돌아오지 않을 너를 불러 본다, 그것은
돌아오지 못할 나를 부르는 것이다

모란을 찾아서

1

내일의 문을 잡아당기는

오늘의 시도가

인간을

어제의 구멍으로 밀어 넣는다

2

별똥별을

오늘의 끈으로 묶어 놓고

침묵하며 눈을 감는

마른하늘

빗줄기 종일

모란을 때릴 때도

하늘은 잠시

내려앉는 시늉만 하다 말았다

님 닮은 모란이 울었다

개인 날도 있잖아, 달래며

내일의 문을 잡아당겨 보지만

떠나버린 모란을 찾아서
서성이는 그림자는 언제나
오늘의 그림자

3
덧없는 그리움 하늘 끝에 닿아
별똥별의 꼬리를 그렸던가

찬란했던 초록과
자정의 시간표를 이고 지고
소멸로 가는 구멍 앞에
줄을 서는 인간들

4
오늘이 접혀 포개진 곳은
내일 아닌 어제의 광장
모란의 그림자는 원래부터 없었다!

다시 부여된 하루가
억겁의 끝인지 찰나의 시작인지,
우리는 모란을 말하지 않기로 했고

하루살이의 퇴화한 입속
욕념의 의식 한 덩이로 빚어지기 전에는
나도 한때
인간이라는 이름으로 불릴 때가 있었다

마당을 쓸다

1.

확진자들이 머문 곳은 사방이 트였지만
시간도 그리움도 탈출하기 어려운 곳,
한 걸음 또 한 걸음 후퇴하면서
경계의 말뚝을 박는
남은 세상의 부질없는 몸짓들
목숨줄 끊겨가도 잡아주는 손 없는데
무정하다, 어느 신이 한가로이
정오의 보름달에 앉아 휘파람을 부는가

2.

나는 오늘 쓸쓸하게끔 정해져 있었을 거다
경계의 밖에서도 날마다 갇힌 몸,
마당을 쓴다 쓸쓸함이 쓸려갈까 봐
까치라도 올까 봐 마당이나 쓴다 그리고
어떠한 확신도 없이
남아있는 땅에서 수확한 까치 먹이를 남긴다
어제인가 내일인가의 어디쯤에서
무심히 까악깍거리는 까치를 부른다

야멸차게 떠나가는 봄날이 언제
걸음 멈춘 적 있더냐
갈 것이 간 것처럼 올 것은 와야지 까치야
마당은 비었다, 너희들의 놀이터다
코로나 떠난다는 소식 입에 물고
오라 와서 울어라 실컷 울어라
그리고 울지 마라
먼 훗날엔 울지 않아도 된다 까치야

3.
기도하는 마음으로 하늘을 본다
까치 두어 마리 쭈삣쭈삣
배양된 쓸쓸함을 덜어 업고서
마당을 가로지르며 운다, 아아
시끌벅적, 세상이 붐비려나 보다
기둥을 세우고 천막을 준비하자
팬데믹이 멈춰 세웠던 북소리 들리고
마스크를 벗어 던진 그이가 오고 있다!

*까치가 울면 반가운 소식이 온다는 속설, 아니 거짓말이 있었죠. 그 거짓말이라도 붙들고 싶은 암담한 코로나 시국. 2021년 초겨울, 배려와 사랑이 백신에 우선한 특효약이 아닐까, 그런 생각도 해 보며…

내가 아는 호랑이 F

왼쪽으로 구르면 절벽이고
오른쪽으로 구르면 꽃밭인데

구르는 재주라곤 왼쪽밖에 없다며
왼쪽으로만 구르다가

햇볕 하나 들지 않는 계곡에 빠졌지만
곧 죽어도 오른쪽으로 구르기는 싫었다

평범한 바구니에 담긴
평범한 도토리가 되기 싫어서

바람보다 더 비범하지 못해서
스스로 계곡에 갇혀 으르렁대다가

수염을 건드리는 생쥐 멀거니 쳐다만 보는
허기진 호랑이 이빨 빠진 호랑이

날마다 마지막처럼 왼쪽으로 구르며
달 보고 별 보고 야옹야옹 운다

자운봉 소나무 2

바람이 불어올 때마다 꿈을 쪼개던
자운봉의 소나무는
없었다
내일 내가 뽑아버렸기 때문이다

내일 혹은 그다음 날

나도 함께 없었다

♤

자운봉 소나무///

있는 듯 없는 듯 돌 틈 사이에// 백 년을 살았어도 키 작은/ 자운봉 소나무// 백 년을 더 산대도 키 작을/ 자운봉 소나무// 비바람 찬서리 견디고 견뎠지만 다시/ 비바람 찬서리// 흔들리며 흔들리며 꿈을 쪼갠다// 기다림 하나 없는 영원히 낯선 땅,/ 자운봉 소나무

아무 때나 오지 말고

별이 뜨거나
해가 뜰 때 오느냐

취해있을 때나
깨어있을 때 오느냐

반기지도 않는데
아무 때고 오는 너

꽃이 피어 외로울 때
사랑처럼 온다면!

낙엽 지고 서러울 때
친구처럼 온다면!

폭풍우도 상관없다만
봄비처럼 오거라

내 가슴 찢을 때 찢더라도

내 목숨 거둘 때 거둘지라도

아무 때나 오지 말고
준비될 때 오거라

운명아, 네 얼굴 감추지 말고
드러내놓고 오거라

하늘 공원의 의자

시련과 실연은
꽃 필 때나 겪는 일

눈이 침침해졌다느니
병원 예약을 하고 왔다느니 하는 말은
60대나 하는 얘기

날씨가 궂을려는지
삭신이 시근거려 죽겠다는 시위는
70대나 하는 엄살

앉을 때 어구구 일어설 때 어구구
입 벌려 말한다면 그것은
80대나 하는 아양

90대가 되면 한결 얌전해지지
신음 대신 감탄사 대신 고개나 주억거리지
그러다가,

그러다가 하늘 공원의 의자에 앉아
나지막이 속삭인다
이보게 젊은이들,
시련 실연 슬픔 같은 것
고독이나 뭐 절망까지도
나에게 좀 보내주게

살아있는 날부터 죽을 자격은 충분했다,
하늘나라의 의자에 앉는 순간
누구나 90대
90대는 죽어도 이상할 것이 없는 나이

오늘은, 빗방울의 씨앗들이
마을 회관의 지붕 위로 모여든다
하늘 공원의 의자를 적신다, 적시며
발아한다

10년만 더 젊다면
저 산 들어내고 빌딩인들 못 지을까

호언하다가, 사람들은 가끔씩
지붕을 때리는 빗소리에 조용히
귀 기울이기도 하지만

누군가 도착할 즈음엔 늘
하늘 공원의 의자는 비어 있었다

잠시 잊었네

잠시 잊었네
붙들고 있는 것이 무엇이냐며
꽃과 낙엽이 나를 조롱하고 있다는 것을

누구나 건넜던 다리 하나 건너면서
누구나 넘었던 언덕 하나 넘으면서
천 년을 이어져 온 탄식이나 하다가

잠시 잊었네
내려놓지 못하는 게 무엇이냐며
별도 달도 나를 경멸하고 있다는 것을

나는 더 아파야겠네
나는 더 울어야겠네

뱃속 가득 똬리 튼 부끄러움을
늙은 암소의 무책임한 눈빛을
남김없이 토해내는 그날까지

조물주의 푸념

자신이 바라본 세상이
절반도 안 된다는 걸
왜
사람들은 모를까

자신이 살아온 세상이
절반도 안 된다는 걸
왜
사람들은 잊을까

미지수의 영역
절반 넘게 남았는데

갈 수 있는 길
절반 넘게 못 갔는데

넉넉한 가능성의 땅 남겨둔 채
너무 빨리 죽고 죽어
성가시게 하는지

귀찮고 귀찮다,
날마다 사람 사람을
만들어야 하다니!

나이를 먹는다는 것은

나이를 먹는다는 것은
팔이 짧아진다는 것이다
잡을 수 없는 것이 점점
많아진다는 것이다
가려운 곳이 생겨도 긁을 수가 없고
감나무를 스쳐 가는 시간을 밑에서
쳐다만 봐야 한다는 것이다

나이를 먹는다는 것은
다리가 짧아진다는 것이다
정다운 사람에게 가까이
다가갈 수 없다는 것이다
한걸음에 가곤 했던 고향이 멀어지고
강물 위로 떠나가는 인연을 멀거니
바라만 봐야 한다는 것이다

나이를 먹는다는 것은
뒤가 무거워진다는 것이다
남기고 온 미련이 뒤에서 잡아당겨

엉덩방아를 찧을까 봐
꼿꼿했던 허리가 앞으로 숙여지고
이윽고는 무릎을 꿇어
땅바닥에 입 맞춰야 한다는 것이다

누구의 존재입니까

기러기 나는 허공의 길
돌고래 헤엄치는 물속의 길
혹시
당신이 그었습니까

아사달 아사녀*의 애달픈 사연도
로시난테**의 발걸음 옮기는 횟수도
혹시
당신의 뜻이었습니까

돌이킬 수 없는, 오손도손 아랫목
비어있는 광장 서러운 이별 이별
무르고 싶은 내 삶 모두가
당신의 작품이었습니까

당신의 정년은 도대체 몇 년입니까
동쪽은 언제까지 동쪽이어야 합니까
오늘, 나는 왜 혼자 벽을 치며
울어야 합니까

너무 높은 곳에서 너무 오래 산 당신,
당신은 진정 있음입니까
당신의 긴 수염, 만약에 있다면
아직도 뽑히지 않고 바람에 날리는지요

당신의 수염을 뽑아버리고 싶은 나,
당신이 만든 거면 당신의 실패작이고***
만들지 않았다면
당신은 없음입니다

당신을 창조한 이는 또 누구입니까 당신은
스스로의 존재라고요, 그렇다면
누구의 존재입니까 누구의
가슴을 짓누르는 바윗덩이입니까

있어도 없어도 내가 아닌 존재여
나는 왜 의지의 봉분 하나 남기지 못한 채
울어 봐야 소용없는 이별을 안고
저 소멸의 언덕을 넘어가야 합니까

*석가탑을 만들었다는 석공 부부.

**세르반테스의 소설 속 돈키호테가 타고 다니던 말 이름.

***여러 곳에서 인용의 흔적이 있어, 최초의 사용자가 누구인지 모르는… 살짝 모셔와 봤는데 괜찮을는지요…

*특정 종교를 폄하하거나 비판할 의도는 전혀 아니었지만, 불편을 느끼셨다면 부디 혜량이 있으시길…!

낮, 또는 밤에

반짝이는 날개로 솟구치고 싶었던
몇 개인가의 낱말이
바람 부는 거리에서 발기만 거듭하다
절정 없이 쓰러진다

무의미에게 점령당해 버린
그 많던 시간들

떠난 님의 눈물은 너무 빨리 말랐고
도시는 너무 오래 불이 꺼지지 않았다
가슴의 수평을 맞추지 못한 낱말들이
한 번이라도 일어서 보려다, 운다

우리 마을엔 시인이 산다

우리 마을엔 시인이 산다
저만큼 놀이공원 근처에도 살고
노숙자의 밥그릇 앞에도 산다
크레인 위에서도 산다 개울 너머
내가 근무하는 염소탕집에도 산다
슬슬 피해 다닌다고 했지만
목사나 스님만큼 시인은 곳곳에 많아서
다리를 건너기 전에 한두 명씩은 꼭 만난다
눈만 마주친다면 손 한번 흔들어주고
외면하면 그만인데
시인이 내게 걸어와 악수를 청할 때는
퍽이나 난처한 일이다
시를 좋아하세요?
날씨가 어쩌고 하다가 드디어 물어라도 오면
그날은 재수 옴 붙은 날이다
네에, 그럼요 대답이야 하지만
시를 좋아하지 않으면 안 되기라도 하는 것처럼
괜히 미안한 마음으로 쩔쩔매야 하니까

인지하는 자 누구나 시인이라는 전제하에
어느 순간 죽음을 인지하는 염소처럼
혹은 말똥구리처럼 나도 때로 시를 찾았다
하지만 살아 있기에, 죽지 않았기에
겨우 존재하느라 평생토록 시인이 아니었고
시를 잘 모를 수밖에 없어서 오늘은
시를 아세요? 내가 먼저 물어보았다
어찌된 영문인지 시인은 얼굴을 붉히더니
하늘 한번 보고 땅 한번 보고
한숨을 푸욱 쉬는 것이었다
나는 무담시 고소를 지으며
고뇌의 씨앗이 자라 튀어나왔을지도 모를
염소의 뿔을 당긴다 부르릉거리는 트럭에
소주병을 껴안은 시인이 먼저 오른다

깜깜한 밤에도 우리 마을엔 시인이 산다

죽은 자들의 목소리

불로초 찾으려 했던 진시황이 그랬듯이 조선의 몇몇 백성들이 그랬듯이 인간으로서 인간 이상을 꿈꾼다면 인간이 아니다

나폴레옹이 그랬듯이 빨랫방망이 내리치던 시냇가 몇몇 아낙들이 그랬듯이 인간으로서 인간 이상을 꿈꾸지 않는다면 인간이 아니다

그리하여 우리는 어언 인간이 아니다 다만 흘려야 할 눈물이 남아있어서 오늘 지극히 인간적인 모습으로 서 있을 뿐

호수에 뜬 낮달이 물결에 흔들리며 노랗게 익는다 죽은 자들의 심장을 관통한 바람이 달을 건져서 우리가 쓰러지기 전에 서녘 하늘에 도착하고

살아있는 동안에는 죽은 것이 아니고 죽은 것이 아니라면 살아있는 것이 맞는데 해야 할 일 남겨두고 왜 커튼을 내리느냐는 죽은 자들의 목소리 문득, 들려왔다

커튼을 올려보려는 허망한 손짓, 달 따라 흔들리던 내 얼굴 어둠

속에 잠기고 죽은 자들의 심장을 빠져나올 때 끊임없이 들려오는 목소리 아 나의 목소리, 바람 되어 날린다

눈물 없는 우리는 살아있는 이들의 눈물을 수집해 별마다 뿌려주기 위하여 바지런히 하늘을 날다가 무담시 홀딱벗고 새의 옆구리 간지럼도 태우다 대나무숲을 무시로 흔들어 보기도 하지만

아아, 정다웠던 사람들 이윽고는 모르는 사람들의 귓가에 들리는 소리는 내려진 커튼 아주 살짝 펄럭이게 만들고 지나가는

낡디낡은 바람 소리뿐

어느 청년 유권자의 변명

할아버지 할머니
(잘못된 세상에 돌팔매질 한 번 없이)
무엇을 남기고 죽었나요

아버지 어머니
(옳지 않은 것을 옳지 않다고 주장하지도 못한 채)
무엇을 위해서 살았나요

차선(次善)도 아니고 차악(次惡)을 뽑으라니
고개 숙이고 걸으며 휘파람이나 불까요 아니
게임방에서 그냥 놀래요

(존경하는 대통령 한 명 있다면 원이 없겠어요 허긴, 훌륭한 어르신 한 명 없고 존경하는 선생님도 없는데 하늘에서 뚝, 떨어지기라도 한다면 2022년 오늘이 아니겠죠)

존경하며 살고 싶어요, 그러면서 누군가를
사랑하며 살고 싶어요, 열심히 땀 흘리며
내일을 설계하고 싶어요

(욕심인지 알아요)

끼리끼리 동그라미 속에서
사랑 없는 사랑 만나
보고 듣고 배운 대로 선배들처럼 살겠어요
어쩌다 결혼해서 아이라도 낳으면
우리처럼 그 아이
날이 선 사금파리 가슴에 담고 살겠지요

몰라요 내일은
오늘은 어제부터 이미 죽어 있었죠
(작위(作爲)만 남은 하루분(分)의 일탈이 차라리 달콤했어요)
나는 선거에 기권하는 것이 아니라
내일을 기권하는 거예요

남산 팔각정에라도 올라
씨발노무 세상! 외치고 싶은
거지 같은 날
게임에서도 졌어요

호주머니가 거지예요
마침 저기, 손에 쥐면 딱 맞을 듯한
짱돌 하나가 보이네요

호우 트라우마

걸레를 빨아 천장을 닦던 날
먹을 물이 없어서 무담시
지붕 위의 암소 눈 빤히 마주 보던 날

무도하게 내리치던 빗줄기 잦아들자
똥파리 앵앵대며 반쯤은 미치던 날
나쁜 놈들 마구마구 카메라를 들이대던 날

내일을 범람한 햇빛은 과거형으로
걸레가 남긴 얼룩 속속들이 안고서
바다로 달려가 꿋꿋이 익사를 하고

천장을 내려서 호우를 치우던 날
사다리는 너무 높던가 너무 낮았다
천둥 번개 차라리 되부르고 싶었다

현재형으로 반복되는 낮은 곳의 트라우마,
내일 떠오르려는 태양아
오늘의 안녕을 묻지 마라

동그라미를 탈출하여 동그라미에 갇히다

수저 한 벌 챙기고서
마음에 울타리를 쳤는데

어제는
소쩍새 울음 갸웃대더니

낼모레는
눈사람이 찾아온댄다

오늘은 장날,
수저 두어 벌을 더 사야겠다

울타리가 허술해서
짝짝이 수저와 살겠구나!

유언

할 말 없다

아무리 생각해도
할 말이 없다

필요 없는 것 하나 정도는
꼭 필요하다며
신의 질투가 만든 액세서리,

도대체
무슨 말을 남기라는 게야!

'할 말 없다'

맑은 날에

살아 있다
한 번도 미쳐본 적 없이

날마다 귀 막고 곳마다 눈 감고

기막힐 일이다
기막힐 일이다

뱃전에 올려진 고등어의 팔딱거림
파란 하늘 파란 바다 파란 꿈

꼭 한 번 미쳐보고 싶어서
미칠 것 같은

목마름

♤

어찌어찌하면 어쩔 수도 있는 세상에서/ 오래전부터 써내려 온 어쩔 수 없다는 말/ 당연하다는 듯이 따라 하며 산다면/ 어쩔 수가 없는 일이다// 그리하여도 어쩔 수 없다,/ 부끄러움만큼은 어쩔 수 없다 나 역시/ 어쩔 수 없다는 말 짊어지고 옆구리에/ 나태와 체념을 매단 채 여기까지 와버렸으니// 하나도 버리지 못하고 모두 버린 것처럼/ 하나도 얻지 못하고 모두 얻은 것처럼/ 세상에! 나는 시를 쓰고 말았다/ 꿈에서도 찾아 헤맸던 해와 달, / 부끄러워 쳐다보지도 못하고/ 어쩔 수 없이/시나 쓰고 말았다/ 그리고// 살아 있다/ 한 번도 미쳐본 적 없이// 기막힐 일이다 기막힐 일이다/ 미칠 것 같은 갈증, 해도 달도 치워다오/ 뱃전에 올려진 고등어의 파란 꿈// 미안하다 어쩔 수 없이 보내버린 어제들아/ 면목없다 눈 벌겋게 뜨고 바라만 봤던 새벽의 잉여들아/ 죽어서야 더 짙어진 고등어의 파란 눈// 시를 버리고 저 높은 산을 오르며/ 시를 안고 저 거센 강을 건너며/ 나의 의지로/ 나의 의지로 파랗게 미칠 수 있는/ 오늘은 아직 남았는가!

겨우 존재

너는 고양이를 좋아하느냐?
좋아하지, 울지 않는 고양이라면
너는 아이를 사랑하느냐?
응, 고양이 흉내 내지 않는 아이라면
너는 노인을 공경하느냐?
그렇다, 아이를 닮지 않은 노인만

괘씸한! 혀가 짧구나
맞아, 네가 만들었다며?
네가 우겨댔잖아!
지옥도 상관없고 아니어도 상관없는데
부처의 말을, 공자 예수의 말을
왜 따르지 않았느냐고 매번 묻지 말라

모래알 한 톨 없는 어둠만 있었다고?
그렇다면 어둠이 있었잖아!
디딤돌도 없이 아무것도 없는 허공만 있었다고?
그렇다면 아무것도 없는 허공이 있었구나!
나의 눈물은 말랐다 스스로의 모순 속에서

나의 웃음은 사라졌다 있음도 없음도
상도 벌도 필요 없다!

너 역시 가련한 자임을
알고 있는 가련한 자여
빛이 생긴 후
밝음에 익숙해져 버린 어둠의 눈이여
점 하나 찍을까 말까 망설이는,
내가 그렇듯 너 역시 겨우 존재였을 터
누구에게 무릎 꿇기 위해 너는
직립으로 기다렸더냐

스스로 피곤한 자여, 스스로 한심한 자여
나는 인간이다, 나도 한번 묻자
너는 왜 그따위 질문이나 하는가?
내가 어떻게 대답할지 알면서
죽은 몸 몇 번을 더 죽여본들
네 앞에 무릎 꿇지 않을 걸 다 알면서!

절대의 의자에서 이제 그만 내려오시라
겨우 존재여
존재의 매너리즘에 빠진 가련한 존재여

부록
(손바닥소설)

●

액자에 담긴 당신의 그림은
내가 원하는 풍경이 아니었지만
들여다보고 들여다봤더니
내가 액자에서
당신을 보고 있습니다

참외씨 하나

참외씨 하나
가엾은 소녀의 목구멍에 걸려서
싹을 틔웠다

빗줄기 거세던 날
배꼽까지 밀려 내려가
잎을 키웠다

예쁜 그녀의 웃음 같은
꽃을 피웠다

저만치 고라니 가족 지나가고
벌 나비 다녀가고
꽃이 지고

세상의 불빛 모조리 꺼지던 날
숲이 흔들렸다, 한 마리의
새끼새가 밤새 둥지 밑에서 울었고

참외가 익어갔고
열 몇 살의 소녀가 사라졌다
해마다 다시 참외꽃이 피었고

세상을 얹은 저울의 눈금은 조금도
움직이지 않았다

그날 밤 번뜩였던 비수
달빛 아래서 녹슬고

흙이 되어서도 서러워,
노란 머리핀 꽂은 소녀가
참외씨 속에서 울고 있다

원두막 지붕 위 먼 하늘에서
우우 늑대 울음처럼
찬서리가 몰려오고

피카레스크 프롤로그

제비꽃이 피던 날 아니
바람 없어도 뚝뚝 감꽃이 지던 날
알게 모르게 너는 골목길을 지나갔다. 내가
잠든 악마를 끄집어낼 결심을 하던 날
그를 만난 네가 행복한 또는
허탈한 미소를 지으며 내 곁을 지나갔다.
내가 그렇듯이 너 역시 탁월한 철부지,
핏물에 비벼서 먹어도 될 먹이는 네가 아니다.
아무렇지 않은 얼굴로 나를 반겨 줄
그에게로 간다, 나는
없다. 악마가 가고 있다. 악마의 역할은
태어나기 전부터 결정되어 있었다.
깊은 물에 흔적 없이 배가 지나고
항구에 정박한 배 두고 다시 기다리는 배.
그들이 아무렇지 않은 얼굴 얼굴로
웃음 속에 배반의 독을 숨긴 그 후부터.

낙엽이 내리던 날 아니
바람 없어도 하얀 달 서쪽으로 달리던 날

알게 모르게 너는 마른 옥수수밭을 지나갔다.
순진한 악당에 불과했던 내가
이제는 마지막이라며 입술을 깨물고
기어이 악마가 되기로 한 날. 하필이면
자라서도 천사로 남을지 모를 아이가 보였다.
눈을 감아도 떠나지를 않아서
가슴 그어대는 칼날을 달래며 주먹만 떨다가
겨우겨우 미쳐버린 날. 저벅저벅 혹은
사뿐사뿐 들려오는 발자국 소리, 들렸다.
미치기 전에 들으면 꼭 미칠 것만 같은 그
발자국 소리. 외로움은
미쳐서도 견딜 수 없는 것. 웃음으로 포장한
독이 든 잔을 비운다, 어깨에 얼굴을 묻고
블루스를 추며 운다.

악마

비빌 언덕까지는 아니라도
기대고 설 나무라도 한 그루 있었으면 했어
자격증 열 개가 있음 뭐 해?
수십 번 면접에서 모두 떨어졌지
부처님 예수님 곁에 다가간 적도 있지만 마찬가지였어
분위기가 마음에 안 든대나 어쩐대나
어설프게 관심법을 익힌 궁예처럼
척 보더니, 딸과 마누라를 등 뒤로 숨기지 뭐야
조직과 일상에 피해를 입힐 눈빛이라더군
처음엔 예쁜 꽃을 그리기도 했지
그러다가 한 장의 그림을 완성했는데
내가 봐도 이상하긴 했어
잘 그렸는지 아닌지 물어볼 데가 없었어
찢어버렸지, 그랬더니
그림의 내용처럼 건물이 불에 타고 무너져 내리더라고
잘 생겼단 말은 못 들어도
칭찬 한마디쯤 들었으면 했어
짧은 다리와 등의 혹이야 어쩔 수 없다지만
콧날 하나는 제법 오똑했으니 말야

내가 원해서 이런 모습으로 살았겠어?
쓰레기 더미에 뒹굴며 근근이 먹고 사는 놈이
가리는 게 너무 많대나 어쩐대나
야망의 눈빛이라니!
꿈 따위를 꾸다니 가당키나 하냐고 웃더군
면접 따위는 개나 물어가라고 나도 웃었어
그래도 희망과 사랑을 담은 노래하나 만들었지
잘 지었는지 아닌지 들어보지도 않더라구
묻어버렸지, 그랬더니 아이들이 2절의 가사처럼 함께 묻히지 뭐야
악마가 따로 없다고 손가락질을 해대서
그 손가락들 몇 개를 먹어버렸지
분명히 말하지만, 그때부터 비로소 나는 악마가 되었던 거야

나는 지금 당신들의 꿈속으로 들어가
꿈을 꾸지 못하도록 당신들의 꿈을 오도독오도독
먹고 있는 중이야

F의 뿔

마을버스
203번을 타보지 않는 놈들과 살다 보면
옆구리에 뿔이 자란다고 F는 생각했다

달력 한 장을 넘긴 대가로
오늘은 열사흘 치 일당을 받은 날,
냄새만 맡아도 메스꺼움을 느끼는 F가
피자스쿨의 비메이커 피자 한 판과
콜라 한 병을 사서
203번 버스에 오르며 웃는다
피자 냄새를 걱정할 새도 없이
실내엔 벌써 시장표 튀김닭 냄새로 가득이다
서도 그만 앉아도 그만인 사람들이
바람에 나부끼는 비닐봉지처럼
무심한 표정으로
유예시킨 하루를 되새김질한다
옆구리가, 찢어지는 것처럼 또 아파온다
내일은 비 예보도 없는데
출근을 또 하루 건너뛰어야 하나

딱 한 모금만 먹어보면 어떨까 싶어
콜라병의 뚜껑을 돌리자 터져 나오는 거품
문득, 현장 감독과 관리소장의 얼굴이 보이고
따뜻한 피자판 위로 F가 구겨지듯 쓰러진다
F의 입에서도 콜라색 거품이 솟구친다
아무래도
옆구리의 뿔이 가슴을 지나
목구멍으로 뚫고 나오려나 보다
개새끼들, 개새끼들!
마치 F의 욕지거리를 막으려는 듯이
아들아, 호주머니에
날짜 지나지 않은 로또가 있다
아버지를 용서하여라 혼자
콜라병을 따서 미안하다
뿔이 솟는 것은 유전이 아니다 아들아
병원으로 차를 돌리라는 소리
119에 연락하라는 등의 소리가
콜라색 거품을 뚫고 새어 나오는
F의 중얼거림도 가로막고 있었다

마을버스

203번을 타보지 않는 놈들과 살다 보면

뿔은 안에서 안으로 자란다고 F는 생각했다

태양을 향해 날다

죽지 않았으니 죽을 만큼은 아니었다.

ㄱ씨는 밤새 잠 못 들고 끙끙 앓았다.

치아 교정을 하려는 딸애와 임플란트 치료를 위한 아내를 예약된 치과에 내려 주고 영원동으로 차를 몰았다.

홀로 사시는 노모가 서넛 남은 앞니를 보이며 웃으신다. 잇몸 치료제 한 병을 내밀었지만

다 빠져버린 이빨, 이거 먹으면 뭐하누?

하시는데, 날마다 오지 않은 아들이 못내 섭섭하신 눈치시다.

핸드폰이 울린다.

어디냐고 묻는 사장님의 목소리가 깨진 유리 조각이다.

공항을 거치지 않고 가면 국수 한 그릇 먹을 시간이라도 남을 텐데, 사모님이 탄 비행기는 연착도 없으려나 보다. 두 사람을 태우고 고향 앞을 지나서 사장님의 선산을 가야 한다. 고향에서 두어 시간을 더 가야 한다.

3층 월세방 창문으로 어머니가 팔을 내밀어 흔드신다. 무릎도 성치 않은데, 엘리베이터 빵빵거리는 건물 아니 계단 없는 1층으로 언제 한 번쯤 모실 수 있을까.

운전수 ㄱ씨가 손가락으로 거의 덜렁거리던 어금니 하나를 뽑아 본다. 거짓말처럼 쉽게 뿌리까지 뽑혀져 나온다. 피가 나지도 아프

지도 않았다.

골목 입구에 차가 보였다. 주차 위반 딱지는 걱정하지 않아도 될성부르다.

도로는 붐볐고 하늘은 맑았다.

경찰이 있나 두리번거리며 침을 뱉었다.

세 번 네 번 뱉고 한 번 더 뱉었다.

밤새도록 온몸을 고문하던 근원이라곤 믿을 수가 없었다. 다만 누런 어금니가 뽑혀져나올 때, 그럴 리가 없는데 뚜둑 하고 허리뼈 부러지는 소리가 들렸었다.

자가용 운전수 ㄱ씨가 손바닥 위의 어금니를 꽉, 문다.

오늘 밤엔 깊이 잠들 수 있을 거야.

잠깐 생각했지만, ㄱ씨는 집에 돌아오지 못했다.

고향 앞을 막 지난 고속 도로에서 차와 함께 그의 몸이 붕 떴다. 뒷좌석에서 찢어질 듯한 비명이 들려왔다. 문득 ㄱ씨는, 빠졌던 어금니가 튼실하게 제 자리에 박히고 부러졌던 허리뼈가 다시 붙는 것 같은 이상한 황홀경 속으로 빠져들었다. 고향 쪽의 당산나무 한 그루가 보다 선명하게 다가오고 있었다

편안했다. 편안함이, 티 없이 맑은 하늘빛 속으로 퍼져나갔다.

까치 한 마리가 갓길로 굴러가서 멈춘 ㄱ씨의 어금니를 물고 태양을 향해 힘껏 날갯짓을 했다.

단절

액자에 담기지 못한 그림 한 점
당신에겐 소중하지 않을지 모르지만
수년간 공들였던 소중한 것을
당신 앞에 꺼내놓던 날
하필이면 꽃은 피어서
우리 꽃구경 가요, 아님 또 술이나 먹든지
그림은 본체만체 당신의 말에
습관처럼
고개를 주억거리다 문득
정신을 차리고 보니 경찰서였다고,
손에 묻은 것은 피가 아니라
찢긴 그림의 빨강 물감이었다고 말하는
당신의 슬픈 눈을 본다
당신의 말은 어쩜 진실일 수도 있겠지만
내게 진실은 상황이지요
상황은 진실보다 중요하고 시급한 것,
그것이 진실이다
당신이 예술을 알아? 벌레 같으니라고!
내민 서류에 싸인을 끝내고

당신은 내게 증오를 보였지만
한번 멈춘 피는 다시 돌지 않지요
어제 흘렀던 피는 마른 지 오래
불필요한 시간은 언제나 불편하다
아내의 카톡에 문자를 보낸다, 오늘도
안 되겠어 응 날마다 사건이지
경기장엔 오늘도 당신이 가야겠네?
애한텐 미안타고 하고, 연락할게
당신에겐 소중하지 않을지 모르지만 오늘은
롯데와 두산이 야구 하는 날이다 그리고
몇 번을 그랬듯이 아들과의 약속을 저버리고
미스 F를 만나는 날이다 붉은 피는
굳기 전까지만 흐른다 오늘은
미스 F의 피가 기어이 멈춰야 하는 날이다
잠시 후, 팔짱을 끼고서
미스 F의 눈이 말한다
죽이고 싶어 한 당신 마음을 모를 줄 알다니
명색 형사라면서
내가 먼저 당신을 죽일 줄

까마득히 모르다니!
까마득히 모르다니, 아이의 엄마가
당신들의 관계를 안 것은 오래전이죠
이혼을 요구하는 당신의 메시지, 아이 엄만
남편의 온몸에서 불길한 그림자를 보았죠
그토록 차가운 남편의 눈은 처음 보았대요
어젯밤의 메시지 내용을 우리에게 알린 건
음, 다섯 시간 전이고, 당신은
선배를 만나자마자 죽인 걸로 봐서
미리 계획한 게 맞잖아!
너무 오버하지 마시우 당신은
더 일찍 현장에 도착할 수 있었어
전화를 걸어 알려 줄 수도 있었고 흠,
선배가 죽었으니 진급하겠네
말하는 듯한 후배의 등을 외면하고
아내의 카톡에 답을 한다
오늘도 늦겠네 응 날마다 사건이지
당신에겐 미안, 미안해 좋은 날도 있겠지

♤

당신이 거기에 있으니
나는 당신에게 가야만 해
영원히 당신에게 가는 중이야
당신과 나 사이에 산이 있고 강이 있고
꽃이 있고 꿈이 있고 가끔
당신에게 이르는 길이 끊기기도 하지만
반드시 당신이어야 해
당신이 아니면 너무 허전해
당신이 없으면 너무 쓸쓸해
당신이 필요해 당신에게 가는 길이
가끔씩은 끊기기도 하지만
자꾸자꾸 끊기기도 하겠지만

삼복(三伏) 건너기

코를 자극하는 닭 냄새에 눈을 뜬다. 어젯밤 동대문 닭칼 집에서의 술이 과해서일까, 숙취 때문에 머리를 감는 것도 쉽지 않다. 푹 끓인 백숙이 차려져 나오고, 아내의 친절이 두 그릇을 비우게 만든다.

오랜만에 온 동창생 녀석이 점심으로 삼계탕을 먹자 해서 거절을 못 했다. 소주 각 1병은 매번 그렇듯 필수였다. 피곤이 좀 풀릴까 하여 이발소에 들러 아침에 감은 머리를 다시 감고 다듬고

사무실 겸 작업실에 왔다. 거래처 사장이, 배달시킨 치맥을 앞에 놓고 기다리고 있었다. 전에 여기서 먹었던 것이 가끔 생각나더라고요, 하하. 미스 김을 불렀지만 다이어트 중이라며 꿈쩍도 않는다.

뭐니 뭐니 해도 배달 음식은 치맥이 최고지요? 나는 맛있는 척 맞장구를 쳐야 했다.

두어 시간 뒤 우리는 사우나에 가서 친밀하게 업무 이야기를 했다. 닭칼 집에서 2차나 하자는 권유를 정중히 거절하고

도망치듯 집에 와 대문을 열자 진동하는 닭 냄새. 숟가락을 들고, 아들과 아내가 똘망똘망한 눈으로 올려다본다. 아침에 먹다 남은 죽과 닭. 그것도 거의 한 마리가 내 차지다. 앞다리 하나 빠진 코끼리처럼 크게 보인다.

남았는데, 낼 아침에 마저 드시고 출근해요. 전복 인삼이랑 넣어서 보약이에요. 아이가, 동생은 언제 생기냐고 또 묻더라니까

요? 아내가 발그레 웃는다.

어휴, 고기 냄새! 얼른 가서 샤워해요, 머리에 냄새도 좀 빼고.

후다닥 화장실로 갔다. 애벌레처럼 허리를 구부리고 푹 자고 싶다. 동창 놈이 탄식처럼 했던 말이 떠오른다. 임마, 넌 운이 좋은 줄 알아야 돼. 속된 말로, 비행기 타고 가다 독사 물린 놈이 한둘인 줄 알아?

흐흐 웃었다. 그 말과 길었던 오늘의 연관성은 하나도 없다. 샤워기를 틀어 놓고 조금씩 토했다. 밤에 한 번 더 씻어야 할지 모르지만, 오늘 머리 감을 일은 절대 없을 거다, 닭고기 먹을 일도.

딩동딩동. 누군가가 우리 집의 초인종을 누른다. 그제 밤에 그랬던 것처럼, 아래층 사는 처남이 깐풍기 요리를 사 들고 오는 건 아니겠지? 비행기 타고 날아온 살찐 독사를 잡아먹고 몸집 자란, 화투의 오동광처럼 생긴 어미 닭이 자기 좀 잡아먹으라고 초인종을 누르고 있는 것은 설마, 아니겠지!

시월 해바라기

전철로 이십여 분 거리의 S대 병원에
병문안을 간다
강릉을 출발한 선우 시인이 먼저 도착해서
오랜 항암 치료로 바싹 여윈 P의 손을 잡고
주르륵 눈물을 흘리며 울고 있다
고장 나서 맡겨놓은 시계 찾으러
시간 맞춰
수리 센터에 들렀다 거래처 가기로 했는데
선우 형, P 그 친구 오고 싶음 오라 하고
우리끼리 술이나 한잔하지? 하고 말았다
혜화 전철역 쪽 내리막길에
이제야 활짝 핀 키 작은 해바리기 하나, 있다
올라갈 때도 있었을 것이다
시인이 폰을 꺼내 사진을 찍는다 우리는
이 꽃의 가을에 언제부터 관대했을까
, 시인이 시인처럼 중얼거린다 나는
언제부터 지인의 아픔에 무관심했을까
, 대꾸하며 외면한다 시인이 큰소리로
어제 들어온 원고료 십육만 원이 있다 따끈할 때

까짓 마셔버리지 뭐! 한다
고장 난 시곗바늘처럼 가만히 서서
성큼성큼 앞장선 시인의 구부정한 등을 본다
꼬리가 있어 목울대에 걸렸던 쉼표 몇 개가
시월 마지막 주의 거리를 걸어 다니고 있었다
이 사람아 P, 체념이 아닌
독기 오기 가득한 자네의 눈을 보고 싶으이

홍시

저걸 놔두고 그냥 간다꼬?
까치 묵으라고 냅둬유
을매나 단디, 저 많은 걸 깐치밥으로 줘야?
그라문 어무이 마이 드시소!
워메, 나가 묵을라고 그러간디?
저번에 보낸 것도 남아 있당게라
어구 잘한다, 야야 정동원이 쟈 좀 보그라
안 돼유 시방 가야 해유
송가인이도 나온댔는디
여 앉아 찬찬히 보세유 난 갈텡게
사람들이 떠나불고, 거시기한 것이
동구 밖 모냥도 영 아니지야?
아 그만 나오시랑게요 갸들
테레비에서 다 나가고 없겠구만요
모두 갔겄제 언제는 안 갔을라꼬?
나도 금방 가겄지야
손 안 닿는다고
감나무 올라가고 그러지 마세요
옴마? 서울이 금방인갑다

늬가 서울말로 돌아온 거 봉께
괜히 장독이나 깨뜨리지 말라구요
얼릉 가던 길이나 가그라
도착함 꼭 전화 혀
근디, 간짓대가 닿을랑가 몰겄다

두 번 세 번 전화했지만
어머니의 목소리 들리지 않았다
먼저 주무시진 않을 텐데 하면서 잠이 든다
출근길에, 마을 이장님의 연락을 받고서
감나무를 베어버려야겠다는 생각 말고는
아무런 생각도 할 수 없었다 그리고
다시는 가을이 익지 않았다

급구(急求), 아버지 어머니

하늘은 사시사철 있다지요
눈을 뜨고 싶어요
저
혹시
태어나도 될까요
공중화장실 같은 데서 봉지에 담아
버리시진 않겠지요
행여 이불로 덮고 누르지는 마세요
숨을 쉬어야잖아요
아버지 어머니 어디에 계시나요
칭얼대는 강아지 대신 저를 던지면 안 돼요
몇 날씩, 깜깜한 다락에 가두어 두지 마세요
제 몸에 뜨거운 물을 붓지 마세요
가방에 넣고 밟으시면 안 돼요
담뱃불로 여기저기 흉터를 남기지 마세요
차 트렁크는 너무 덜컹거리고 무서워요
사는 게 억울하다고
술 몇 잔 드신 후에 아령을 집어 들진 마세요
아버지 어머니

혹시 애인과 사귀나요
애인을 만나면
제가 있으면 있다고 사실대로 말해요
애인이 화낼까요 재수없어 할까요
제가 있어서 매번 게임에서 질까요
될 것도 안 되는 게 모두 제 탓이 될까요
그래서 커피 맛이 떨어지고 말까요
아버지 어머니
학교에선 고양이도 키우나요
나비의 집에도 번지수가 있나요
제가 먹을 물은 늘 깨끗한가요
제가 숨 쉴 공기는 언제나 맑은가요
웃고 싶어요, 마주 보며 웃고 싶어요
저
혹시
태어나도 될까요
오늘 밤에 저를 불러 주세요
급히 구합니다, 아버지 어머니

♤

사람이 소를 먹고 소가 소를 먹고 가끔 미치기도 한다는데 어언 뉴스가 아니다.

소가 사람을 먹고 사람이 사람을 먹고 가끔 미치기도 한다는데 〈아직은〉 뉴스이다.

에잇, 소설이기에 망정이지!

끈

감히 생각하려고 한 죄 함부로 꽃 보고 감탄한 죄 봄밤 지나 겨울까지 여직 숨 쉬고 있는 죄 나뭇토막 쇠붙이 돌덩이 삶은 돼지머리 들에 무단히 고개를 조아린 죄를 안고 내가 내게로 가는 길, 나비가 날든가 나비가 날지 않은 오늘오늘은 미치기에 딱 좋은 날 어제어제 미치지도 못한 자가 미친 척 날 보며 헤에에 웃더군 낙지는 왜 없죠? 나도 반쯤은 돌아서 헤에에 웃다가 다시 걸어야 했다 나를 찾아서

내가 나를 만나러 가는 길은 멀다 고구려 백제 신라의 까마귀가 되었다가 고려 조선의 원한 맺힌 귀신이 되었다가 미국 일본의 스파이가 되었다가 박정희 김일성의 장기졸도 되었다가 인디언 버팔로 살쾡이 들의 어긋나고 비뚤어진 그림자도 되었다가 누군가의 튀어나온 이마에 통통거리는 신발의 뒤꿈치도 되었다가… 했다 낙지는 없다 광주 대구 삼척을 지나서 북경 파리 뉴욕 시드니를 거쳐 사람 사는 마을까지는 이삼 킬로 -멀다 너무 멀다 저녁이 있는 저녁은 어느 새벽 누구의 베개에서 잠들어 있을까 직선은 없었다 빙빙 돌아서 빙빙 돌아서 내가 내게로 가는 길은 멀다 사람 사는 마을에는 사람이 있을까

끈, 오십 센티면 될까 너를 죽이는데 일 미터면 될까 나를 죽이는데 오 미터를 샀다 천 원이란다 싸다 한라산과 백두산을 다 묶고도 이 미터가 남았다

사는 게 죄인가?
나는 내가 원해서 이 세상에 태어났던가!

나는 죄가 없다 죄가 없었다 기도하기 시작하면서 죄가 탄생했고 기도하지 않음으로써 죄인이 되어갔다 어제도 오늘도 내가 나를 말한 것은 내가 아니었는데 기도하는 것은 온전히 나의 몫이 아니었는데

어디인가, 호우 주의보가 내린 크리스마스 계절에 얼음이 녹고 힘 주던 눈들이 힘을 풀고 둥둥 물결에 눈동자를 맡기던 날 만 원을 주고 오 미터의 끈을 산다 거짓의 세월이 흘러갔어도 끈값은 목구멍에 걸린 분노보다 싸다 슬픔 고뇌 희망과 절망 내 목숨 다 묶고도 일 미터가 남는다 싸다 등을 보이며 떠나가는 내 모습이 아름답다 내가 나에게 가는 길은 멀다 멀어지는 나에게 나는 아장아장 따라가며 손을 흔들어 보지만 앞서가던 내가 끈을 당겨서 나를 끌

고 간다 나는 기어이 끈을 놓친다 기도한다 나를 잃는다 끈을 잊는다 잊었는데, 태고적 아버지가 아득한 전설의 끈 그 끄트머리를 흔들며 일 톤 트럭 위에서 외치고 이웃고 둥둥 떠다니는 나의 눈을 보며 나는 나에게 도착한다 고등어 꽁치 갈치 있어요 엄청나게 쌉니다 오징어 동태 임연수어 사세요 아빠는 언제 죽어요? 아이가 묻고 아이의 아우가 눈물을 흘린다 안 된다 아이는 아이답게 살아남아야 한다 냉동 풀린 눈들과 아이들의 눈이 섞여서는 아니 된다 볼륨을 올린다 낙지는 없어요 나도 없어요 끈은 남았어요 볼륨을 조금 더 올린다 엄청나게 쌉니다 냉동꽃게 가자미 쭈꾸미가 있어요 중얼거린다 여기는 어디인가

*목소리에 한과 분노가 끈적끈적 묻어나왔다. 어스름 녘이면, 볼륨높인 생선장수의 차가 마을을 지나간다. 거르지 않고 왔지만 차가 멈추는 것을 본 적은 없다. 그 아저씨, 어디쯤 차를 세우고 생선을 파시는지…

자운봉 커피숍

태풍입니까
눈보라입니까
그래서 당신뿐이라면
유지비 관리비 포함
당신의 커피값은 백만 원입니다

연두입니까
울긋불긋 단풍입니까
그래서 만 명이 오신다면
광고비 인건비 포함
당신의 커피값은 백 원입니다

둘러쳐진 쇠줄 들추고
비밀문으로 오세요
커피숍의 영업 시간은
아침부터 저녁까지 혹은
저녁부터 아침까지뿐이에요

손님이 아무도 없으면 어떡하냐고요?

그땐 간판을 내려야죠
자운봉을 옆으로 눕혀
리모델링을 할 거에요

정오가 품절되어 자정이 실종된 곳,
눈치채셨겠지만 저는
자운봉 커피숍 주인
도봉산 산신령입니다

수학이 싫어서 직업을 산신령으로 했는데
그놈의 인터넷 때문에 아무도 찾지 않아
투잡으로 커피숍을 차렸지요
무조건 하루 매출 백만 원!
골치 아픈 계산은 딱 질색입니다

그나마 그놈의 인터넷이 있어서
땅값 싸고 경치 좋은 도봉산 꼭대기에
커피숍 차려 근근이 먹고 입고
죽지 않고 살지요

새들이 울기 전에 꼬박꼬박 면도도 하는,
면도를 하기 전에 먼저 도봉산 끌어안고
쩌엉쩌엉 하루치 한숨 주고받는
자운봉 커피숍 주인 산신령입니다

오란다고 오시겠습니까만
어서 오시든가 말든가 하세요
가란다고 가시겠습니까만
안녕히 가시든가 말든가 하세요

철모르는 진달래가 핏빛으로 깨어나서
앙앙대다 잠이 드는 도봉산,
땅거미에 빠진 기러기 울음소리
애잔하게 들려오는 날이면 꼭
별들이 찾아와 테라스에 앉았다가 가는

여기는
자운봉 커피숍입니다

괜찮은 Day

2021년 11월 23일 그가 죽었다 한남동 어느 겨울밤을 유린하고 빛고을의 빛을 약탈했지만 사과 한 마디 없이 웃고 술 먹고 골프 치고 아프면 입원하고 또 웃고 하다가 늙어서 죽었다 나는 그의 죽음과 아무런 관련이 없다 슬프게도

세상을 사랑했지만 세상의 누구에게도 사랑받지 못한 절름발이 F도 죽었다 사는 것처럼 살아 볼려고 이 악물고 버텼지만 속이 터져서 죽었다 나는 그의 죽음과 아무런 상관이 없다 안타깝지만

꼬깃꼬깃한 지폐나 돼지저금통의 동전을 꺼내 들고 전국의 아이들이 카메라 앞에 모여들었다 저건 사기다! 모두가 돌아볼 만큼 큰 소리로 F가 외쳤다 그는 판결이 나오기 전에 등뼈가 조금 이동했고 왼쪽 무릎을 온전히 구부릴 수 없게 되었다 그의 삼십 대가 삭제되었다 나는 그의 삼십 대보다 스포츠에 관심이 더 많았다 그들이 의도한 대로

4, 5층까지 철근 몇 가닥 또는 자갈 모래 든 들통을 메고지고 올라가 본 사람은 알아요 얼마나 높다는 것을 63빌딩 중간층을 안전모도 없이 오가며 한강과 여의도를 내려다 본 사람은 알지요 결코

그곳까지 물에 잠기는 일 따윈 없을 거라는 사실을요 불행히도 F의 항변에 귀 기울이는 판검사는 없었다 대한민국의 학자나 전문가들 전부가 장님이고 바보인 줄 아나? 그들의 목소리가 더 기운이 셌다 언젠가 올 함성과 깃발을 기다리며 종교와 어른들은 침묵했다 무덤 속 같은 어둠에서 거울을 보다가 개돼지의 얼굴로 치환되어 가는 자신들의 모습에 깜짝 놀라기는 했지만

금강산댐(임남댐)의 저수량이 이백억 톤 어쩌고 하면서 하루가 멀다고 TV에 나와 도표를 그려가며 목소리를 높였던 교수 박사님들은 자알 살았다 언론의 그 많던 기자들과 글쟁이들도 친일파의 후손들이 그러했던 것처럼 기득권에 스며들어 스스로 기득권이 되어갔고 강남의 땅값이 올랐다 아이들 아! 실제로 모르든가 모르는 척하면서 아이들은 자랐다 뽑을 대통령감이 없다고 투덜대며 대통령을 뽑았고, 도덕 불감증에 걸린 측근들 중에서 대통령은 장차관 적임자를 못 찾아 난감해하기도 했지만 이윽고는 끼리끼리 축배를 들며 사진을 찍었다

63빌딩 공사 현장에서도 저 멀리 대마도와 간도를 노려보며 반짝였던 한 쌍의 눈동자 빛을 잃었다 살려고 살려고 살다가, 속이

터져서 F가 죽었다 2021년 11월 23일 그도 죽었다 늙어서 죽었다 당연하지 않은 남과 북을 가른 선 하나 보다 선명하게 당연한 것처럼 그어져 있다 진즉에 지웠어야 할 선 두고 무수한 편 가르기의 선을 다시 그어가며, 심판과 당위 없이 뻔뻔해짐에 익숙해져 버린 이들에게 무관심이라는 비타민과 침묵이라는 네 잎 클로버가 무한정 제공되었다 견고한 강철의 울타리 속에서 끼리끼리의 유람선은 누구의 간섭도 없이 대를 이어 괜찮은 날들을 순항하고

동과 서 마을과 마을에 또 다른 선이 이민족 간의 국경처럼 그어지고 세대와 세대 간엔 말뚝이 박혔다 나름 장수를 누리고서야 그가 죽은 세상 보상도 위로도 없이 F가 죽은 세상 그리하여 앞집 옆집의 아는 이라도 마주치면 빙글 돌아서 길을 가는 세상 우리가 만든 세상 우리의 아이들이 살아야 할 세상 몇몇 속이 터지기 직전의 사람들이 숨을 쉬는 세상 흐린 세상에

·

웃음을 잃어버린 아이들이 오고 있다 공포가 오고 있다 안타까움과 부끄러움 가슴에 간직했다 해서 저 아이들 앞에 당당히 설 수 있을까 그래, 늦었지만 용기를 내보자 흐린 세상에서 백몇 세를 건강하게 살았다고 자랑질하는 철학 교수를 용서하기로 하자 하지

만 속으로라도 외쳐보자 혼자여도 바로 지금 외쳐보자, 그것은 쇼였다! 외치고서 생각해 보니 내게도 나름 괜찮은 날이었지 싶다 내일은 소리 내어 외칠 수 있을까 가끔은 하늘이 맑다 함박꽃처럼 웃으며 아이들이 오고 있다

시평

존재의 뿌리에 닿은 내면과의 통섭

시인 · 문학평론가 **우영규**

세상은 몇몇 사람의 몫으로 엮여나가지 않고 몇몇 집단의 옥생각으로 좌우되지도 않는다. 세상은 만물과 만인들이 갈마들고 뒤섞이면서 거대한 동아줄로 뒤틀려 엮이어 끌어주고 끌려간다. 시인은 그 거대한 동아줄이라는 시대를 이루는 수만 갈래의 한 가닥으로 일생 노래의 가락을 섞는다. 그래서 다양한 대상과 다채로운 빛깔들의 생각들을 활물화(活物化)시켜 살아가는 도도한 난장(亂場)이다. 시대라는 말이 갖는 가변성(可變性)은 이런 다양한 인적 구성뿐만 아니라 그 분방한 정신적 혹은 정서적 새로움을 추진채로 한 역동성에 기반을 둔다.

우리는 모두 이 시대의 동아줄을 엮어나가는 그 한 가닥의 존재들로 단단히 혹은 성기게 연결되어있는 개별자이며 또한 동시대인(同時代人)들이다. 시인에게 있어 작금의 시대는 근원(根源)과 친소(親疎)를 갈마들며 살아내야 하는 시대의 본격적인 내용물이라 하겠다. 그것이 범박하게는 생활 속의 풍경이겠지만, 그게 본격적인 성격과 속성을 굽어보는 시점에서 그것은 실존의 어떤 풍속이 된다. 시인의 풍속이란 삶의 그지없는 질박하고 절실한 내용이며 알심의 원천이기도 하며 존재론적 층위(層位)의 전반을 풍속적 삶에서 이끌어내 보여주기 때문이다. 이 거대한 시인의 풍속에도 늘 함께 존재하는 것은 바로 시간성이다. 주지하듯, 시간은 하나의 유장한 흐름으로 경험되고 기억되게 마련이다. 하지만 시간의 흐름은 그 자체로 객관적인 실재가 아니라 마음의 움직임이 만들어 내는 은유적 형상일 뿐이다. 우리는 언제나 시간이라는 개념을 분절하여 과거에서 현재로 또 현재에서 미래로 흘러간다는 일종의 형상적 은유를 활용하고 있다. 그래서 시간을 물리적 실체가 아니라 사후적 흔적을 통해 인지할 수 있게 되고, 그 시간은 사람마다 전혀 다른 경험 속에서 재구성되는 이미지로 현상하게 되는 것이다. 말할 것도 없이 우리가 발원하는 서정시는 이러한 시간 경험을 담아내는 양식적 본령을 가지고 있다. 미래를 노래하거나 아예 시간을 초월하려 할지라도 그러한 움직임 또한 시간에 대한 가치 판단일 수밖에 없을 것이기 때문이다. 그런 관점에서 서정시는 시간에 대한 경험과 기억을 재구성하는 양식적 특성을 지닌다. 이처럼 서정시와 시간은 분리 불가능한 상호 원질이고, 서정의 원형은 시간의 흐름을 통해 전해져 오는 내면의 목소리를 통해 구체화된다. 이때 시인은 실존의 풍경과 풍속을 함께 취하며 자신의 내면을 직정적으로 토로하기보다는 뭇 대상들을 환기하면서 내면을 암유적으로 고백하는 작법을 취하게 된다. 장태삼의 시에서 가장 중요한 내면 고백의 형성은 이러한 시간의 흐름과 실존의 풍경과 풍속을 담은 채 다가온다.

왼쪽으로 가고 싶었는데
누가 끌어당긴 것처럼
오른쪽으로 쓰러지곤 했다
햇볕은 자주자주 편파적으로 비추었다
어느 쪽으로 쓰러지든 상관없었다 다만
여름이면 뜨겁고 겨울이면 차가운
벽만 아니었으면 싶었다

길이 끝나는 곳에 바다가 있다고 가르쳐 준
바람아
질긴 생명력이라고 노래하진 말아다오
의지만으로는 도달할 수 없는 그, 바다
이 목숨이 온전한 내 몫이라면
허공에서 한바탕 춤이라도 춘 후에
땅거미로 추락해 익사해 버리고 싶었다

나의 꿈이 꼭대기가 아니었듯이

나의 좌절은 벽이 아닌 바다였다고

바람아 말해 주렴

벽,

머무르고 싶지 않아서 오르는 것뿐이라고

오르고 오르면 바다가 보일지 모른다고

이왕이면 동남풍으로 말해다오, 바람아

-「담쟁이」 전문

이 작품은 시인의 내면이 복합적 에너지를 품은 채 움직이고 있다는 것을 투명하게 보여주는 작품이다. '담쟁이'의 특성에서 비롯된 또는 그 작용에 의해 자아가 스스로의 존재를 증명하는 것으로서 '멈춤'과 '추락'의 좌절 과정과 '바람'을 개입시켜 의지를 표명하면서 밀도 있는 감각으로「담쟁이」의 시학을 그려내고 있다. 모든 식물이 그렇듯 햇볕을 따라 성장하는 특성을 가지고 있다. '담쟁이'가 햇볕을 따라 "어느 쪽으로 쓰러지든 상관없었다 다만/ 여름이면 뜨겁고 겨울이면 차가운/ 벽만 아니었으면 싶었다"라고 바라는 마음은 곧 자신의 처지에 대한 궁핍한 설명이다. 자신만이 가진 비상의 의지를 '바다'까지 도달하려는 것에서 보여주고 있다. 이때 '바람'이라는 상관물은 꿈을 실현하기 위한 수단이며 "바람아 말해 주렴/ 벽,/ 머무르고 싶지 않아서 오르는 것뿐이라고/ 오르고 오르면 바다가 보일지 모른다고" 진술하는 것에서 '담쟁이'가 의인화된 현상을 알 수 있으며 자아의 운명과 의지를 사물을 통해 예감케 해주고 있다. 결국 삶의 근원에 존재하는 어떤 가치를 만나 그것을 사유하고 펼쳐가려는 남다른 의지를 통해 우리의 삶이 불가피하게 가질 수밖에 없는 보편적 지향점을 보여주고 있다. 시인이 경험하고 발견한 원형적 세계를 암시적으로 드러내면서, 시인 자신의 미학적 상상력을 한껏 첨예하게 보여준다 할 것이다.

오늘 / 내가 죽었다 / 아무도 울지 않았다 // 동박새 두어 마리 / 바람의 알갱이 쪼아대는 / 무덤 하나 없는 언덕 // 투둑, 투둑, / 변명도 없이 / 벗들 이별하는 소리 // 그리움을 담보하지 않는 / 통증 속에서 / 붉게 웃었던 세월 // 당신의 등이 멀어지고 // 다시는 오지 않을 것이어서 // 마지막 붉음 끌어올려 / 봉오리째 툭, / 내가 죽었다 // 붉음이 바래질 때까지 / 내가 나를 울었다

–「동백꽃」 전문

꽃은 특별함의 상징이다. 인간이 원래 푸른 초원과 물이 흐르는 곳에 자리잡고 살 때 꽃이 피는 것은 아주 짧은 한 순간의 기쁨이자 사건이었다. 이는 앞으로의 풍성한 수확에 대한 약속이었고 가장 살기 좋은 계절이 온다는 예감이었다. 그러므로 문명의 진화 속에 이런 생각이 집단 무의식으로 각인되었고 꽃의 특별한 의미에 대한 원형 심상이 바로 여기서 생겨났다. 시언어에 있어서 이 꽃들이 즐겨 소재가 되는 것도 바로 이런 연유에서이다. 장태삼의 시에서도 꽃이 더러 등장한다. 하지만 장태삼의 시에서 그려진 꽃은 특별하다. '죽음', '이별', '그리움'을 수반한 눈물이자 통증이다. 여기서도 '동백꽃'은 자아로 환원된다. 자아는 슬프다. 붉은 동백이 떨어지는 것을 '이별'이라고 표현하고 있다. 그 이유는 쉽게 납득이 된다. 그것은 아름다움의 실체인 '붉음'이 살아 있는 욕망의 실체이기 때문에 육체성을 부여받는다. 결국 '꽃'은 채울 수 없는 욕망의 표상이 되고 다시 말해 결핍과 그 결핍으로 인한 슬픔의 담지자가 된다. 동백이 떨어지니 "내가 죽었다"고 실토하는 이유가 바로 그것이다.

네 웃음처럼 피더니 / 깨진 유리 조각 되어 / 가슴 베며 진다 //
목련 아래 // 너 없어 // 마른 뻘밭 같은 가슴을

-「목련」 전문

서정시의 사물 인식의 보편적인 방식인 대상과의 자기 동일성이 이 시편 「목련」에서도 여실하게 드러난다. 그러나 그런 방법상의 대상 인식만으로는 다 섭렵되지 않는 것이 있다. 그것은 사물에게서 전달받는 원초적인 위로와 연대의 기미(機微)가 지니는 실물감이다. 이미 화자가 '목련'의 환한 웃음을 선험적으로 경험하고 있음에 완미하고 완전한 전언을 지닌 실물로서의 '목련'은 꽃이 지면서 생래적으로 담지된 모자라는 기운을 알아차리고는 "네 웃음처럼 피더니/ 깨진 유리 조각되어/ 가슴 베며" 지는 모습을 감지하고는 "너 없어/ 마른 뻘밭 같은 가슴을" 안고 이 가슴 아픈 현상을 이용해 표현하는 환유로 가득 차 있다. 여기서의 환유는 장태삼의 시편 곳곳에서 슬픔으로 현현되는데 이 슬픔을 태동시킨 것이 그리움이다. 부재에서 오는 그리움은 '외로움'이나 '눈물'이라는 결핍의 추출물로서의 양태로 나타난다. 장태삼의 시 「목련」은 짧은 단시(短詩)임에도 의식형태와 감수성을 포괄하는 작품이다.

누가 저 달 좀 치워 줘 / 창문 열고 들어온 달 때문에 / 꿈꿀 수가 없어 // 뻔뻔한 삶 / 아름 아름 안고 와서 / 저 달이 날 묶었어 // 웃는 것도 우는 것도 / 저 달이 먼저였지 // 쿵쿵 가슴을 때려 봐도 / 잠들 수가 없어 // 이지러진 얼굴 / 창가에서 찰랑이다 / 눈물처럼 희미해지는 / 누가 저 사랑 좀 치워 줘

–「새벽달」 전문

시-문장으로 발화되는 언어 중에 '사랑'이라는 언어는 빼놓을 수 없을 만큼 비중을 차지하고 있는 것이 사실이다. 이는 삶 자체에 '사랑'이라는 단어가 그만큼 많은 비중을 차지하고 공유되어 있다는 반증이기도 하겠다. 시 「새벽달」에서 나타나듯이 '달'에게 '사랑'이라는 매개를 접목하여 환원시켜 놓았다. "이지러진 얼굴/ 창가에서 찰랑이다/ 눈물처럼 희미해지는" 것은 바로 다름 아닌 '사랑'이다. 여기서의 이 환유는 "누가 저 사랑 좀 치워 줘" 하고 애원하는 데서 "눈물처럼 희미해지는" 아픔의 결과로 눈물을 대신하는 것 이상으로 슬픔이 지각되는 반사효과를 가진다. 이 고통은 대상에서 세계로 유입되거나 세계와 대상이 자아로 동화된 서정이라고 볼 수 있다.

당신이 미워하고 / 당신이 미워지는 건 / 그믐달 꼬리만큼의 사랑이 남아서죠 (중략) 이별은 궁핍한 사랑보다 초라한 것, / 위로받을 자격은 누구에게도 없겠지요 // 이러다가 싫어지기 전에 / 영영 무관심해지기 전에 / 당신을 조금만 더 미워하다 말 테요

—「가슴에, 그믐달 꼬리를 심다」 부분

사랑이 홀쭉한 세상이었어 / 최면이라도 걸어 / 사랑한다는 말 자주 하여 채워주고 싶었는데 / 부끄럽고 어색했어 (중략) 사랑해 사랑해 / 당신의 등 뒤에서 천 번을 말해 봐도 / 당신의 눈앞에 서면 미안하고 미안해서 / 사랑한다는 말 아직 하지 못했어 / 사랑한다는 말도 못해서 정말 미안 해

—「미안하고 미안해서」 부분

장태삼의 시선은 기본적으로 삶의 갈구와 사랑을 바탕으로 한다. 달리 말해서 인식의 근처에 늘 자리잡고 있는 것은 갈구와 사랑이다. 그만큼 그의 시집에는 그런 사유들이 많은 부문을 관

류하고 있음을 알 수 있다. 이 말은 전체를 응집시켜 나가면서 한 생을 되새김질하며 추억과 성찰을 바탕으로 하는 새로움을 꿈꾸고 있다는 것과 같은 말이 되겠다. 그래서 '갈구와 사랑'을 생명성과 인내심의 표면 장력으로 활용하면서 생을 탐구하고 보편적인 생의 본질을 꿰뚫어 보려 한 점에서 현실인식이 짙게 깔려 있다고 볼 수 있다.

인용 시 「가슴에, 그믐달 꼬리를 심다」에서 "당신이 미워하고/ 당신이 미워지는 건/ 그믐달 꼬리만큼의 사랑이 남아" 있다고 진술하는 것은 자아는 이제 다시 사랑하고 싶다. 사랑의 저쪽으로 아스라이 사라진다는 것은 고통이다. 그래서 "이별은 궁핍한 사랑보다 초라한 것,"이라고 단호하게 진술하는 것이다. "이러다가 싫어지기 전에/ 영영 무관심해지기 전에/ 당신을 조금만 더 미워하다" 만다는 진술은 '미움'은 곧 '사랑'이라는 등식이 성립되는 순간이다. 이 무렵의 장태삼에게는 사랑을 포기해야 할 저기가 아니라, 새로운 사랑이 싹트는 여기일지도 모른다. 인용 시 「미안하고 미안해서」에서 "최면이라도 걸어/ 사랑한다는 말 자주 하여 채워주고 싶었는데/ 부끄럽고 어색했"다며 진술하는 것도 '사랑'을 중의적으로 몽상하면서 시인은 자신에게 속한 모든 것들을 사랑의 저쪽이 아니라 이쪽으로 데려다 놓는다. "사랑한다는 말도 못 해서 정말 미안"하다고 용서를 구하는 것에서 삶을 위무하는 애잔한 감성을 서술하고 있다. '미안하다'는 말에서 모든 사랑의 방식이나 크기를 동일률로 복귀시키는 사랑의 아름다운 제의라 하겠다.

저걸 놔두고 그냥 간다꼬?

까치 묵으라고 냅둬유

을매나 단디, 저 많은 걸 깐치밥으로 줘야?

그라문 어무이 마이 드시소!

워메, 나가 묵을라고 그러간디?

저번에 보낸 것도 남아 있당게라

어구 잘한다, 야야 정동원이 쟈 좀 보그라

안 돼유 시방 가야 해유

송가인이도 나온댔는디

여 앉아 찬찬히 보세유 난 갈텡게

사람들이 떠나불고, 거시기한 것이

동구 밖 모냥도 영 아니지야?

아 그만 나오시랑게요 갸들

테레비에서 다 나가고 없겠구만요

모두 갔겄제 언제는 안 갔을라꼬?

나도 금방 가겄지야

손 안 닿는다고

감나무 올라가고 그러지 마세요

옴마? 서울이 금방인갑다

늬가 서울말로 돌아온 거 봉께

괜히 장독이나 깨뜨리지 말라구요

얼릉 가던 길이나 가그라

도착함 꼭 전화 혀, 근디

간짓대가 닿을랑가 몰겄다

두 번 세 번 전화했지만
어머니의 목소리 들리지 않았다
먼저 주무시진 않을 텐데 하면서 잠이 든다
출근길에, 마을 이장님의 연락을 받고서
감나무를 베어버려야겠다는 생각 말고는
아무런 생각도 할 수 없었다 그리고
다시는 가을이 익지 않았다

–「홍시」 전문

어머니라는 존재의 삶에 대한 지독한 관철과 애심이 이 시를 생성해 냈을 것이다. 인용 시 「홍시」에서 어머니의 삶에 대한 철저한 성찰이 있었다면 이제 어머니에 대한 애심으로 귀결된다. 고향 사투리와 향토 냄새가 물씬 나는 시 「홍시」는 우리 삶에 숨쉴 틈을 내어주는 신생의 작업을 가능케 하는 원천으로 작용되기도 한다. "저걸 놔두고 그냥 간다꼬?/ 까치 묵으라고 냅둬유/ 을매나 단디, 저 많은 걸 깐치밥으로 줘야?/ 그라문 어무이 마이 드시소!/ 워메, 나가 묵을라고 그러간디?" 그러게 말입니다. 자식 챙기려고 그러시는 거 다 알고 있습니다. 모자간의 대화가 정겹다. 그러고 보니 '시는 대화'라는 논리가 새삼 떠오른다. 화자는 어머니가 걱정된다. "괜히 장독이나 깨뜨리지 말라"면서 어머니의 삶을 꿰뚫어 보기라도 하듯이 질척한 사랑법을 고시하고 있다. 가을이 익지 않은 이유가 무엇일까. 결국 일을 낸 어머니의 '홍시'를 기억하며 장태삼 시학의 빌미를 재공하고 있는 것이다. 여기서 시인의 어머니에 대한 사랑법이 예쁘게 보이는 것은 현대성의 치밀한 계산된 문면은 어디에도 존재하지 않는다는 것이다. 그리고 "다시는 가을이 익지 않았다"고 진술하는 시-문장이 불쑥 도드라져 보이는 것은 시인에게 허여 된 삶과 시간, 세계를 큰 울림으로 공명 시키고 있기 때문이다.

원초적으로 서정시는 시인 스스로 살아온 시간의 결을 회상하고 성찰하는 기억작용을 강하게 활용하는 언어예술이다. 우리가 서정시의 창작 동기를 나르시시즘의 원리에서 종종 찾는 이유도 거기 있을 것이다. 장태삼은 시간과 내면과 대상을 이어주는 자신의 시적 진실에 대한 성찰적 시선을 비중 있게 담아내려고 부단히 노력하고 있다.

장태삼의 시는 주체와 대상 간의 단순히 미세한 균열과 갈등을 다루기보다는 그 불화를 넘어서는 주체와 대상 간의 조화로운 소통을 지향한다. 그리하여 그의 시에 나타나는 시간성의 양상이 어떠하든지 간에 그 안에는 서정성이라는 미학적 바탕이 동시에 깔렸다고도 할 수 있다. 서정성이라는 시의 근본적 속성을 바탕에 깔면서도 그 속에 복합적이고도 다양한 현대적 징후들을 시간을 통해 녹여내고 있는 것이다. 그 양상은 여기서 크게 사물의 시간과 인간의 시간이라는 말로 요약된다.

나 없는 사이 // 난(蘭)이 피었다 // 소복(素服)의 나비 한 마리 // 창 // 밖에 // 머물며, 머물다가 간다 // 거실(居室)에 달빛이 내리고 // 난(蘭) 홀로 // 흐느끼는 소리 // 털썩, 몸을 실어 앉아 보지만 // 나 없이 댕그라니 // 비어있는 // 의자

–「빈집 풍경」 전문

인용 시「빈집 풍경」은 시제 그대로 '빈집 풍경'을 그리고 있다. 그러나 여기서는 그 빈집의 풍경을 설명하고자함이 아니다. 하고 많은 사물 중 왜 하필이면 생명체를 가진 꽃 피운 '난'에게 시선이 닿았을까. 존재의 결핍이다. 어디든 꽃들은 존재한다. 그래서 여기의 꽃은 특별함을 상실하고 그 상실됨이 결핍을 만들어 내고 있다. 시인만이 이 꽃을 흉중에 담아두려고 하지만 시인은 이미 이 꽃의 허망함을 알고 있다. 시인이 '난'과 '흰나비'를 개입시키는 것은 그 광경에서 무엇인가를 계속 그리워하고 그로 인한 외로움을 유발하는 이유가 있기 때문일 것이다. "머물며, 머물다가 간다"고 진술하는 데서 머물렀다가 떠나가는 것에 대한 못내 아쉬움의 절절한 내면을 직감할 수 있다. "난(蘭) 홀로// 흐느끼는 소리"(「빈집 풍경」)가 들리는 환청은 외로움을 잠식해버린 그리움의 원형이겠다. 시인은 "나 없이 댕그라니// 비어있는// 의자"를 목도하고 관조하는 것은 그리움과 외로움의 벗어남을 수반하고 있다. 도달해야 할 어떤 것으로서의 존재가 아니라 지금 이곳의 현실에서 벗어나는 것에 오히려 외로움이 존재하고 있다. 여기서의 외로움은 그에게 목표나 이상으로 존재하는 것이 아니라 현실의 부정에 대한 그림자이고 음각(陰刻)이다. 말하자면 대상의 감정을 자기 진술로 구현하면서 서정의 주체로서 동일화된 대상의 내면에 대한 발언이며 대리진술이다. 대상과 시적 자아의 내적 인격화는 일체성을 가지는 동일화의 원칙이 장태삼의 시에서 작동하는 것이며 이로써 자아를 제거하고 세계를 자아에 편입시키는, 자아의 안과 대상의 밖이 구획되지 않음을 보여주고 있다.

수저 한 벌 챙기고서 / 마음에 울타리를 쳤는데 // 어제는 / 소쩍새 울음 갸웃대더니 // 낼모레는 / 눈사람이 찾아온댄다 // 오늘은 장날, / 수저 두어 벌을 더 사야겠다 // 울타리가 허술해서 / 짝짝이 수저와 살겠구나!

–「동그라미를 탈출하여 동그라미에 갇히다」 전문

시 「동그라미를 탈출하여 동그라미에 갇히다」를 보면 기억에 깃들인 대상들을 재현하면서 그것을 관조와 성찰의 시간으로 허락하고 있다. 이는 시인이 언어로 여백을 채우듯이 육체적 허기로 정신적 아픔을 메우려고 하는 시적 전략이라고 볼 수 있다. "수저 한 벌 챙기고서/ 마음에 울타리를 쳤는데" 무엇이 또 나를 찾아와서 마음을 흔들고 있는가. "어제는/ 소쩍새 울음 갸웃대더니// 낼모레는/ 눈사람이 찾아온댄다// 오늘은 장날,/ 수저 두어 벌을 더 사야겠다"고 진술하는 어투에서 알 수 있듯이 이는 시간(성)에 대한 미학적 헌사이자, 상실감을 벗어나 충만한 현재형으로 변형해가려는 화자의 의지가 반영된 것이며 "울타리가 허술해서/ 짝짝이 수저와 살겠구나!" 하고 실토하는 것에서 고독하고 서늘하게 살아온 시인 자신의 삶에 희망의 파동을 개입시키면서 나아가는 화법에서 시의 균형과 확장성에 깊이 관여한 것을 알 수 있다. 시에 있어서 시간이란 등질적이고 분절된 객관적이고 물리적인 것이 아니라, 삶 속에 구체적으로 경험되고 인지되는 주관적이고 심리적인 것이다. 이때 시인의 자세는 '사물 뒤의 시간' 혹은 '사물 자체의 시간'을 바라보는 견자가 되는 것이다. 이와 같은 맥락에서 볼 때 시인이 오랫동안 숙성시켜온 작품들의 항아리 속에서 서정의 시간(성)에 대한 흔적들이 곳곳에 산재해 있으며, 시간(성)의 해체를 통하여 격정적이고 복합적인 자의식을 담은 시편들도 접할 수 있다. 또한, 삶에서 다루어지는 일반적인 것들의 상상적 복원과 함께 철저하게 사적(私的)인 것들로부터 일차적으로 담아낸 작품들도 있다. 이는 삶에 대한 시간적 유한자(有限者)로서의 진솔한 관조와 고백이 고스란히 형상화되어있다고 할 것이다.

나는 가끔 오만해지고 싶어 / 욕심대로 하자면 / 자주자주 오만해지고 싶어 / 날마다 오만해져서 / 더 이상은 오만할 수 없도록 나를 만든 / 오만한 그의 앞에서 당당히 / 인간은 / 가끔 오만할 자격이 있지 않느냐고 / 빳빳이 고개를 쳐들고, 오만하게 묻고 싶어 / 이미 예정된

내 삶을 간섭하고 싶어 / 한쪽 입술을 말아 올린 오만한 표정으로 / 내 마음대로 시간을 접고 직선을 구부려서 / 살사리꽃 사이로 날 훔쳐보던 / 첫사랑에게 가고 싶어 /부지런 떨며 제 길 가는 개미, / 꺼들거리며 그 죽음에까지 간섭하고 싶어 // 지나갈 때까지 쳐든 발 내리지 못했어 / 갑자기 개미가 웃었기 때문이야 / 그럴 줄 알았다는 듯이 개미가 개미처럼 / 더듬이를 끄덕거리며, 웃으며 지나갔어 / 내 속의 돌멩이가 조금 더 자랐지 / 자리에서 밀려난 간과 쓸개가 / 등뼈 뒤로 삐져나오고 / 무릎이 삭아 깨지는 소리가 들려 / 나는 속으로만 옹알이하는 거야 // 나는 가끔 오만해지고 싶어

–「나는 가끔 오만해지고 싶어」 전문

장태삼의 또 다른 시선을 따라가 보자. 인용 시「나는 가끔 오만해지고 싶어」에서 시인은 왜 '오만'해 지고 싶을까. '오만'의 사전적 해석은 '건방지고 거만함 또는 그 태도'다. 그렇다면 시인은 사실로 잘난 체하고 남을 업신여기고 싶다는 말인가. 그것이 아니라 "이미 예정된 내 삶을 간섭하고 싶"다고 하질 않은가. 그런가 하면 "내 마음대로 시간을 접고 직선을 구부려서/ 살사리꽃 사이로 날 훔쳐보던/ 첫사랑에게 가고 싶"다고도 하고 "부지런 떨며 제 길 가는 개미,/ 꺼들거리며 그 죽음에까지 간섭하고 싶"다고 실토하는 것이 바로 장태삼 식의 '오만'이다. 어떻게 보면 언어유희적 시-문장 같기도 하다. '삶, 첫사랑, 죽음' 등, 모두 시 말속에 응고된 언어들이다. 그러나 형상 이미지를 포착하는 감응으로 본다면 삶의 구경적 태도가 응축되어 있다고 봐야 할 것이다. 시에 나타나는 일련의 시 말들이 행간을 넘나들며 '반어법' 문장과 '영탄법'이 발화된 문장 사이에서 이미 이미지 형상의 내적 실체가 된 것을 알 수가 있다. 여기에서 장태삼에게 언어란 '생각'과 '망상' 사이에서 피어나는 미지의 행로인 것 또한 엄존하는 사실이지만, 이는 시적 자의식이 내재된 세계와 감응하는 최적화된 언어의 구성법임을 부인할 수 없다. 그것은 새로운 시 말길을 찾아가는 시인 특유의 언어감각을 선명하게 부조시키는 고유한 페르소나를 획득하는 과정이라고 하겠다. 이와 함께 "자의식이란 자신을 마치 밖에서 보는 것처럼 보는 능력으로 인간의 성격, 태도, 정서를 인식할 수 있는 능력"(시론. p16)이라고 롤로 메이(R. May)는 규정한 바 있다. 그렇다면 분열된 자아에서 자의식이 가동되는 과정이 '나'를 통해 지향적 삶과 현실적 삶 사이에 거리가 생기기 시작할 때 자의식이 가동될 것이다. 그렇다면 시인의 자의식은 일상 속에서 팽팽한 긴장과 길항작용으로 버티는 힘겨운 과정에 자리하고 있다고 하겠다. 어제와 오늘, 과거와 현재와 미래가 갈마든 몸에서 축적된 노래는 몸속에 농축된 현상의 노래며 숙주를 찾아가는 파동이며 여행이다. 미치도록 가려운 생의 모진 자리를 목도한 시인은 존재의 개입을 통해서 현상을 유지하고 싶지만, 그것이 고통이라는 걸 안다.

무한경쟁 자체가 목적이 되는 현실에서 한 개인의 행위는 기계화나 수치화가 되고 마는데 이러한 행동이 반복되는 세계를

'앙리 르페르브'는 일상이라고 했다. 즉 일상은 노동이나 노동 밖에서의 행동들이 기계적으로 반복되는 공간이다. 그러므로 일상 속의 인간은 자신의 본래성을 잃어버린 훼손된 존재가 되는 것이다. 인간은 이러한 자신의 존재 훼손을 극복하려고 하지만 쉽게 돌이킬 수 없다는 것을 안다. 그러기에 더욱 진정한 자아 찾기에 몰두하려고 하는 것이다. 이 자리가 바로 장태삼의 시가 생성되는 지점이라고 볼 수 있다.

잠시 잊었네 / 붙들고 있는 것이 무엇이냐며 / 꽃과 낙엽이 나를 조롱하고 있다는 것을 // 누구나 건넜던 다리 하나 건너면서 / 누구나 넘었던 언덕 하나 넘으면서 / 천 년을 이어져 온 탄식이나 하다가 // 잠시 잊었네 / 내려놓지 못하는 게 무엇이냐며 / 별도 달도 나를 경멸하고 있다는 것을 // 나는 더 아파야겠네 / 나는 더 울어야겠네 // 뱃속 가득 똬리 튼 부끄러움을 / 늙은 암소의 무책임한 눈빛을 / 남김없이 토해내는 그날까지

–「잠시 잊었네」 전문

자아는 가려진 자신에 대한 모든 문제를 인간 보편의 문제로 확대하는 자아 성찰로 구체화한다. 장태삼의 시 「잠시 잊었네」에서 성찰하는 일상은 사물과의 상호 관계성으로 '나'의 본래성을 생성하는 새로운 일상이 된다. "잠시 잊었네/ 내려놓지 못하는 게 무엇이냐며/ 별도 달도 나를 경멸하고 있다는 것을" 간파

한 시인의 현상은 실제의 타자가 아니다. 여기에서도 우주적 사물이 개입되는데 이는 존재적의 타자가 아니라 자신을 확인하는 과정 속의 타자일 뿐이다. 다시 말해서 객체가 없는 주체가 있을 수 없고 객체가 존재하지 않는다면 구도(求道)라는 일상이 존재하지 않는다는 말과도 같은 말이다. 사물은 곧 자신에 비유된다. 여기 이 진실의 자리에서 "나는 더 울어야겠"다고 고백하는 시인이야말로 시적 대상에 시선이 머물면서 심미적 상황을 관조하고 있다. 한편으로는 "뱃속 가득 똬리 튼 부끄러움"과 "늙은 암소의 무책임한 눈빛"들이 자아를 지배하고 있기에 "남김없이 토해내는 그날까지" 시인은 시간의 아득한 저편에 서서 일체 존재의 종요로운 대목들은 소멸의 기운에 가려져 하나같이 어떤 간원을 통해 존재 속에 지워져 가는 기억들을 불러낸다. 성찰과 갱신을 수반한 단련된 언어가 그 속에 내면화하는 것이다.

사유를 감각적인 것과 더 이상 분리할 수 없다면 시는 사유할 수 없는 사유를 추구한다. 그렇다면 그것은 곧 감각 경험과 느낌만이 진정한 세계이고 실제라는 말이다. 모든 사물 하나하나가 각각의 것으로, 그 각각은 비교될 수 없는 것. 그래서 의미와 사유는 감각이 만들어 낸 것이며 감각과 사물은 하나의 형태를 가진다. 그렇다면 사유는 곧 생명이 아니던가. 안과 밖의 그 간극에 존재하는 점이지대에는 아직 경험하지 않은 지경에 이르는 정신작용이 늘 존재하며 거기에는 새로운 우주가 공존하고 있을 것이다.

| 後記 |

그건 상투적이야 잘라버려 네 눈을 믿지 마 그건 너무 작위적이니 깎아버려 너다움은 고집이고 착각이야 톱과 대패와 망치가 말했다 너는 아무것도 아냐 사람들이 원하는 품격은 따로 있지 너도 그 흔한 초록의 아류일 뿐야 초록이면서 초록 속에 섞이지도 못하고 그 봄 그 여름 시들시들 앓다가 이제 갈색으로 변해버린, 이파리 한 장이었어 쯧, 마침표 백만 개를 포갠들 작은 못 하나 만들지 못하는 주제에 한심하기는!

자칭 목수라고 한 적 한 번도 없었다 오두막이지만 어찌어찌 내 집 세 채를 지었으니 한번쯤 목수라고 불러 봐도 되지 않을까 남의 귀에는 들리지 않도록 살짝 말야 하다가 화들짝 식은땀을 흘린다 몇번의 수리를 했지만 부실 공사투성이다 세 번째 지은 집 정원에도 나무다운 나무 한 그루 없다!

부끄러움의 골이 더 깊어졌다고 연장 탓은 하지 말자 도배장이가 되어, 부끄러움 위에 눈 딱 감고, 벽지를 바른다

모든 분들 특히 책나무 출판사에 감사의 말씀을 드립니다.

겨우인간 장태삼